북한의 대중문화

−이해와 만남, 소통을 위한 모색

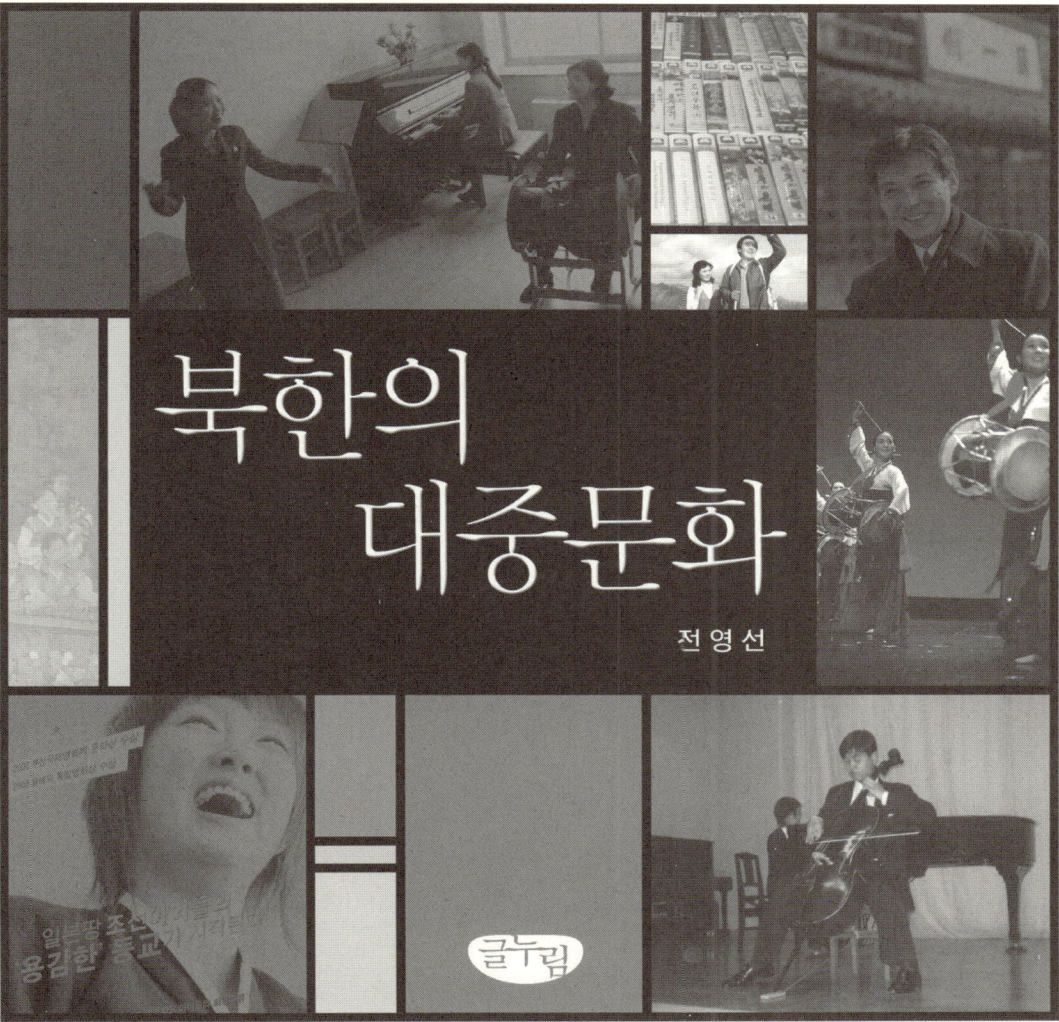

프롤로그

 이 책은 그동안 북한의 대중문화와 관련하여 받았던 인터뷰 내용을 중심으로 삼고, 생각을 정리하고 보탠 것이다.
 남북 관계가 깊어지면서 북한 문화에 대한 관심이 높아졌다. 남북관계가 좋아지면서 북한 문화에 대한 대중적 관심과 흥미도 생겨나는 모양이다. 문화는 알려고 하는 욕구, 하고자 하는 욕구가 있어야 한다. 정치나 경제 문제는 자기가 싫어한다고 해도 현실 정치와 경제를 벗어나 살 수는 없다. 그러나 문화는 자기가 관심이 없으면 천만금을 주어도 할 수 없는 것이다.
 문화는 선택적이다. 싫어하는 것도 좋아하는 것도 제각각이다. 같은 사물을 보고서도 이해하는 방식은 제각각이다. 내가 액션을 좋아하든 멜로를 좋아하든 그것은 취향의 문제이다. 동시에 이런 문화적 특징은 남과 나를 구분하는 징표가 된다.
 문화적 관심과 욕구는 생소한 것에 대해서 생기지 않는다. 새로운 문화, 낯선 문화를 처음 접할 때는 거부감부터 생긴다. 문화를 자기 중심으로 이해하기 때문이다. 북한 문화, 통일 문화에 대한 욕구도 북한에 대한 관심이 쌓여갈 때 생겨난다. 우리 사회가 북한 문화에 대해 관심을 기울이게 된 것도 북한에 대한 사회적 관심이 확대 되었기 때문이다.

오늘날 우리에게 북한 문화는 무엇을 의미하는가? 문화적 통일이나 문화공동체를 이루는 것은 하나의 문화로 통합된다는 것을 의미하지 않는다. 문화적 통일이란 통일된 하나의 문화를 갖는 것이 아니라 문화적 다양성을 인정하면서 공유할 수 있는 문화의 틀을 만들어 가는 것이다. 같은 문화가 아니라 같은 가치를 가진 다양한 문화를 형성하는 것이 문화적 공동체를 이루어 가는 것이다.

하나의 생각, 하나의 가치를 강요하는 것은 문화 제국주의에 다름 아니다. 문화가 통일되고, 일관되기를 원하는 것은 정치적인 지향이다. 권력은 지배를 원하기에 지배하기에 편한 규율과 척도로 문화를 규정하며, 권력의 지향에 맞추어 일목요연하게 하나가 되기를 원한다.

그러나 하나로 통일된 문화는 외적으로 강한 목소리를 낼 수 있으나 사실은 매우 취약한 구조를 갖고 있다. 하나로 통일된 문화는 문화적 다양성을 포용하고, 이를 자양분으로 새로운 문화를 창조해낼 수 있는 강한 문화가 아니다. 하나로 통일된 문화는 외부의 약한 충격에도 전체가 무너져 버릴 수 있는 경직된 문화이다. 강한 문화와 경직된 문화는 다르다. 강한 문화는 무한한 성장이 가능하지만 경직된 문화는 스스로 자생할 수 있는 능력을 잃어버린 온실 속의 화초와 같다.

강한 문화는 문화적 유연성과 다양성이 용인되는 문화이다. 문화의 유연성이란 내적 정신을 갖고 어떤 문화이든 받아들일 수 있는 구심력을 가진 문화이며, 문화의 다양성이란 내적 중심

없는 무질서한 다양성이 아니라 보편적 가치를 중심으로 다양성이 용인되는 문화를 의미한다.

문화의 유연성과 다양성이라는 측면에서 볼 때 통일 문화가 하나의 문화가 되어야 한다는 생각은 제고되어야 한다. 남북의 문화를 억지로 맞추어 하나로 만든다는 것은 자칫 뿔 모양을 바로 잡으려다 소를 잡는 잘못을 범할 수 있다. 보편적 가치 속에 문화적 다양성이 용인되는 폭넓은 사회를 만들어 가는 것이 문화적 통합을 이루어 나가는 길이다. 문화적인 의미에서 통일은 하나로 통일된 문화가 아니라 서로 통할 수 있도록 공존의 길을 열어두는 것이라고 생각한다.

방송이나 인터뷰를 자주하는 것도 아니었지만 몇 년 동안 이럭저럭 모아두었던 것을 정리해야겠다는 생각을 하면서, 이런 것도 남북 문화를 이해하는 방법이 될 수 있다고 자위해 본다. 모쪼록 심심파적으로 가볍게 보고 북한을 이해하는 데 약간의 도움이라도 되었으면 더 바랄 것이 없겠다. 사진을 제공해준 『민족21』과 여러분께 감사드린다. 아울러 글누림 출판사의 최종숙 사장님과 이태곤 편집장님, 그리고 편집을 담당해준 김주헌씨께 감사를 드린다.

2007년 여름을 지나면서
필자

차 례

프롤로그 /5

제1부 북한 대중문화 이해를 위한 길라잡이 • • • • • • • • 11

같아야 같고, 달라야 다른 것이 아니다 / 13
인민을 위한 수령, 수령을 위한 인민의 사회 / 18
북한에서 문화는 어떻게 생성되고 유통되는가 / 25
아름다움에도 휴전선은 있다 / 30
예술에서 보편성과 민족성은 어떤 관계인가 / 48

제2부 북한 대중문화와의 만남 • • • • • • • • 55

정치와 예술 / 57
영화·드라마 / 79
교예 / 163
남북문화 교류 / 181

제3부 남북 문화의 흐름과 소통 ••• ••• ••• ••• ••• 193

남북의 문화 소통은 가능한 일인가 / 195
남북 문화교류 어디까지 어떻게 왔나 / 198
남북 문화교류의 한계는 무엇인가 / 202
남북 문화교류 앞으로 어떻게 될까 / 206
남북 문화교류 어떻게 풀어야 하나 / 210
다시 남북 문화교류를 돌아보다 / 220

제1부

북한 대중문화 이해를 위한 길잡이

- 같아야 같고, 달라야 다른 것이 아니다
- 인민을 위한 수령, 수령을 위한 인민의 사회
- 북한에서 문화는 어떻게 생성되고 유통되는가
- 아름다움에도 휴전선은 있다
- 예술에서 보편성과 민족성은 어떤 관계인가

제1부 '북한 대중문화이해를 위한 길잡이'는 북한 문화를 이해하기 위한 전제로서 문화의 다양성과 미학관에 대한 길잡이들이다. 북한문화를 이해해야 할 필요성과 북한 문화에 대한 특성을 정리하여 북한 문화를 이해하는 기초로 삼도록 한다.

같아야 같고, 달라야 다른 것이 아니다

　남북문화를 이야기할 때 가장 많이 사용하는 단어 가운데 하나가 동질성과 이질성이라는 말이다. 동질성이란 성질이 같은 것이요, 이질성이란 성질이 다른 것이니 남북의 문화를 비교하면서 무엇이 같고 무엇이 달라졌는지를 평가하는 일이 남북 문화의 우선 과제인 셈이다.
　확실히 남북 문화는 같은 점도 있고, 다른 점도 있다. 말하는 것도 같고, 설날 세배 드리는 것도 같고, 음주가무를 즐기는 것도 같다. 허긴 반만년 동안 형성된 문화적 유전자가 분단 이후 달라졌다고 해도 얼마나 크게 달라졌겠는가. 같다고 보면 크게 달라진 것은 없어 보인다.
　반대의 논리도 설득력이 있어 보인다. 남한 사람들이 쉽게 이해하지 못하는 부분도 적지 않다. 같은 말을 하지만 의미가 달라져서 잘 알아듣지 못한다. 명절날이나 기념일에 세배를 드려도 수령에게 먼저 드리는 것도 생소하다. 음주가무를 즐긴다고 하여도 노래며 춤가락이 다르다. 동질성을 찾기 힘들만큼 크게 달라져 보인다.
　북한 문화를 놓고 보면서 왜 이런 차이가 생길까? 어떤 문화를 놓고 우리 문화와 비교해 보아도 같은 점도 있고, 다른 점도 있기 마련이다. 인간이 만들어낸 문화에는 인류가 갖는 보편성이 있고, 그 사회의 특성이 반영된 특수성이 있기 때문이다. 농경사회의 문화에는 농경사

민족문화를 바탕으로 한 북한의 출판물

회의 특성이 반영되어 있고, 이슬람 문화에는 이슬람 문화의 특성이 반영되어 있다.

문화적 특수성에 초점을 맞출 것인가, 인간적 보편성에 초점을 맞출 것인가에 따라서 같아 보이기도 하고 달라 보이기도 하는 것이다.

남북 문화를 비교하면서 동질성과 이질성을 논하는 것은 남북 문화적 통합과 관련되기 때문이다. 즉 문화적 통일 혹은 통합 과정이란 동질성을 찾아내고, 이를 확산시켜 가면서 이질성을 극복해 나가는 과정에 다름 아니기 때문이다. 남북이 교류와 협력을 통하여 문화적인 통일을 이룰 수 있을 것인가의 문제는 곧 문화적 차이가 얼마나 달라졌느냐에 따라서 평가가 달라진다.

남북 사이의 동질성은 흔히 민족적 특성 즉 같은 언어, 같은 문화유산, 같은 풍습, 같은 심성을 가진 것으로 확인되고, 남북 사이의 이질성은 정치제도, 경제제도의 차이로 설명된다. 과연 그런 것일까? 남북 사이에 당연한 것으로 논의되고 있는 이질성과 동질성의 근거는 무엇이며, 실제적 차이는 어떻게 유발되었으며, 어떤 차이를 보이고 있는가?

예를 들어보자. 동양과 서양의 음식문화를 비교할 때 가장 큰 차이로 언급되는 것 가운데 하나가 식사도구이다. '숟가락과 젓가락'으로 대표되는 동양의 식사도구는 '나이프와 포크'를 주로하는 서양과 구별되는 요소임에 틀림없다.

그렇다면 나이프와 포크와 대비되는 동양의 숟가락과 젓가락이 모두 같다고 할 수 있을까? 그렇지 않다. 한국과 중국, 일본 세 나라의 숟가락과 젓가락의 재질을 비교해 보자. 한국은 은수저나 놋수저로 대표되듯이 금속으로 만드는 것이 일반적이다. 반면 일본은 대나무를 비롯하여 나무를 주로 하고, 중국은 도자기로 만든다. 일본인은 사람 몸에 들어가는 음식을 집는데, 금속을 사용한다는 것을 의아해한다. 한·중·일 삼국의 숟가락과 젓가락이 차이를 보이는 것은 주요 식재료의 굳기, 즉 경도(硬度) 때문인데, 자문화 중심으로 다른 문화를 이해하면서 배타성을 갖는 것이다.

사용빈도에서도 차이가 있다. 한국에서는 숟가락과 젓가락이 거의 비슷한 비중으로 사용한다. 반면, 중국이나 일본의 경우에는 숟가락을 잘 사용하지 않는다. 중국집에서 주는 숟가락을 보자. 수프를 떠먹을 때 사용하는 것 외에 크게 사용하지 않는다. 일식집에서는 아예 숟가락을 주지 않은 경우도 있다. 심지어 국을 마실 때도 젓가락을 사용한다.

왜 이런 차이를 보이게 되었을까? 한국 음식은 수분이 많기 때문이다. 국을 비롯하여 찌개, 전골, 조림 등 수분이 많은 음식이 대부분이기에 숟가락을 훨씬 더 많

조선출판물 교류협회의 그림책 〈홍길동〉

이 사용하게 된다.

　같고 다름의 차이는 이처럼 판단기준을 어떻게 정하느냐에 따라서 달라지는 것이다. 남북 문제도 크게 다르지 않다. 남북 사이에 동질성으로 자주 언급되는 전통명절의 경우도 그렇다. 설날이 되면 민속명절을 같이 지내는 것은 같지만 형식이나 방법에서 차이가 있다. 이런 차이를 두고 같은 것으로 보아야 할 지 다른 것으로 보아야 할지는 정하기 나름이다.

　북한의 사회나 문화를 살펴보면서 느끼는 것은 남북 문화를 비교해 보면서 새삼 깨닫게 되는 것은 북한주민의 삶이 우리네 삶과 그리 차이가 지지 않는다는 것이다. 남이나 북이나 열심히 공부해서 사회가 필요로 하는 인재가 되라고 말한다. 물론 사회가 필요로 하는 인재가 무엇이냐고 따지고 들면 이야기는 달라진다.

　동질성을 발견하고자 한다면 동질성의 영역이 커지는 것이고, 이질성을 발견하자고 한다면 이질성의 영역이 커진다. 결론적으로 말하자면 이질감이나 동질감이라는 것은 상대적인 문제이다. 같다는 것을 보려하면 같음이 커지고 다르다고 보면 다름이 커진다.

단군신화를 소재로 한 북한의 그림책

남북 문화의 차이는 국가 정체성 차원으로부터 인민의 생활에 이르기까지 다양한 차원에서 논의될 수 있다. 문제 차이의 기준을 어떻게 정하느냐에 따라 달라진다.

남북의 문화적 이질감에 대한 인식의 차이는 통일에 대한 전망 차이로 이어진다. 남북 문화의 차이와 거리를 논의할 때, 남북이 민족 공동체로서 공통점이 있다는 데에는 이견이 없다. 그러나 민족 문화의 공통 유산이 상이한 정치체재로 인해 야기된 이질감을 극복하는 데 얼마나 기여할 수 있을 것인가에 대한 전망은 다르다. 한편에서는 이질감이 심화, 확대되었다는 견해를 제기하고, 다른 한편에서는 남북한 사이에 비록 이질감이 있지만 오랜 역사적 전통과 문화적 공통점이 있다는 의견, 즉 단일 민족으로서 민족적 정체성은 쉽게 변할 수 없다는 견해를 제기한다. 결국 남북의 문화적 동질성과 이질성에 대한 논의는 민족 문화의 힘으로 정치적 이질감을 극복할 수 있을 것인가에 대한 문제인 것이다.

단군신화를 소재로 한 그림책. 북한 문화를 어떻게 자리매김할 것인가는 여전히 논쟁거리로 남아 있다.

인민을 위한 수령, 수령을 위한 인민의 사회

김일성 주석 동상

문화는 사회의 특수하고 구조화된 맥락 안에서 끊임없이 전승되고, 수용되며, 창조되기에 그 사회의 정치체제와 밀접하게 연결 된다. 남북한의 문화적 이질감은 바로 문화를 유통시키는 정치사회적 토대의 차이에 의해 발생한다. 국가 운영시스템이 다르다면 이를 토대로 생성된 문화도 달라지기에 남북 문화의 차이는 결국 문화적 바탕의 차이에서 발생한 것이라기보다는 정치체제의 차이에 의해 발생한 것으로 보아야 한다는 것을 의미한다.

북한 사회의 정체성은 수령관에 기초하여 형성되었다. 문화적 정체성도 수령론을 핵심으로 한다. 북한의 문화정체성을 이루는 핵심으로서 수령이 있다는 것은 文·史·哲이 수령을 중심으로 이루어져 있다는 것을 의미한다. 북한에서 수령은 모든 문제의 출발이자 귀결이다.

문(文)과 수령

문(文)은 문학예술이다. 문학예술은 아름다움을 표현한다. 이 '아름다움의 중심에 수령이 있다'는 것은 수령의 아름다움을 표현하는 것이 북한 문학예술의 중심이라는 것을 의미한다. 당신이 만약 북한의 작가, 예술인에게 '무엇이 아름다운가?'라고 묻는다면 서슴없이 수령을 첫 손에 꼽을 것이다. 수령을 중심으로 수령을 따르고 충성하는 인민의 모습을 아름답게 느끼는 것, 이것이 북한에서 말하는 주체의 미학이다.

수령의 아름다움은 두 가지로 반영되어야 한다. 하나는 정치가로서의 아름다움이다. 수령이 아름다운 것은 인민을 위한 혁명사상 때문이다. 정치사상적으로 수령은 모든 인민대중의 이익을 대변하는 존재로서, 인민대중이 역사발전의 주인이라는 주체사상을 창조하여 인민대중의 시대를 열어 놓은 혁명가로 평가한다. 문학예술은 수령이 이끌어 온 혁명사상의 아름다움, 혁명투쟁과정의 아름다움을 나타낸다. 북한 미술에서 흔히 보이는 현지 지도 소재 작품은 수령의 혁명성을 예술로 보여주는 것이다.

다른 하나는 인간적인 아름다움이다. 수령은 정치적인 측면 못지 않게 인간적인 아름다움을 가진 존재이다. 이는 인민들에게 생명을 준 어버이로서 자식에 대한 무한한 사랑으로 묘사된다. 천진난만한 어린 아이들 품에 둘러싸여 있는 모습이

현지지도 하는 김일성 주석 사진

인민대학습당의 동상

미술의 대상이 되는 것도 수령의 인간적인 아름다움을 드러내기 때문이다.

이처럼 북한 문화에서 예술의 대상이 되는 것은 수령, 수령의 혁명투쟁과정, 수령을 따르는 인민 등으로 모두 수령과 연관되어 있다. 수령의 혁명역사, 자주적 인간으로서 역사발전의 주체로 나서는 사회주의 건설 과정, 투쟁의 역사, 수령을 믿고 따르면서 사회주의 건설에 나선 인민들의 모습, 수령을 지키기 위하여 헌신을 다하는 당원이나 인민들의 모습을 소재로 한 작품이 있는 것이다. 문학예술은 또한 이러한 아름다움을 통하여 수령의 위대함을 인민에게 교양하는 것이다. 즉 북한에서 문화는 '자주적 인간에 관한 문제, 인간의 자주성을 옹호하는 문제에 예술적으로 해답을 줌으로써 생활과 투쟁의 교과서'[1]가 되는 것을 목표로 인민들을 교양하는 데 이바지 하는 것이다.

사(史)와 수령

사(史)는 역사의 토대이며, 자기 정체성의 뿌리이다. <말콤 X>로 유명한 미국의 흑인 소설가 알렉스 헤일리의 작품 가운데 <뿌리>라는 소설이 있다. 서부 아프리카 감비아에 살다가 노예로 팔려와 온갖 박해를 받으면서 미국에 살아 온 조상에 대한 이야기를 담은 소설이다.

---

[1] 채상우, 「북한의 주체문예이론」,『북한의 문학과 문예이론』(동국대학교 한국문화연구소편, 동국대학교출판부, 2003), p. 138.

TV 드라마로도 만들어진 이 작품을 보면서 '왜 그렇게 조상에 대해서 집착할까?'하는 의문이 들기도 하였다. 지금도 가끔 아주 어릴 적에 해외로 입양되었던 입양아들이 모국을 찾아와 자신의 엄마, 아빠를 찾는 것을 볼 때면 새삼 '뿌리'의 중요성을 떠올린다. 뿌리는 곧 자신의 정통성을 확인시켜주는 삶의 원동력인 셈이다.

중국의 동북공정에 맞서 우리나라에서도 그동안 신화로 기록되어 있는 고조선의 이야기를 정식 역사로 기록한다는 보도가 있었다. 고조선의 이야기가 신화이던 역사이던 무엇이 그리 중요하느냐고 생각 할 수도 있겠지만 간단한 문제가 아니다. 역사는 자신의 정통성을 확신시켜주는 중요한 영역이다.

북한에서 역사와 수령이 관련되어 있다는 것은 역사의 기원과 정통성을 수령에서 찾는다는 것을 말한다. 북한의 공식 국호는 '조선민주주의 인민공화국'인데, 흔히 '공화국', '사회주의 조선'으로 부른다. 여기서 사회주의 조선은 조선의 전통을 이어 받은 사회주의 제도로 운영되는 국가라는 의미이다. 우리 민족의 첫 국가가 '조선'이었고, 고구려와 고려를 거쳐 조선으로 이어졌고, 일제강점기를 거쳐 현재는 사회주의 조선으로 맥이 닿아 있다는 것이다.

그런데 이 사회주의 조선이 김일성 탄생과 함께 시작되었다고 보는 것이다. 주체 연호는 김일성 주석의 탄생해인 1912년을 기준으로 한다. 연호는 옛날 새로운 왕이 즉위를 하면 그에 맞추어 사용하였

배움의 천리길을 떠나는 김일성 주석을 그린 그림비

최고지도자의 안위를 걱정하는 마음을 표현한 조선화

던 것이다. 일본에서는 1989년부터 平成(헤이세이)라는 연호를 사용하고 있다. 일본의 연호는 천황이 바뀔 때마다 새로운 연호가 제정되지만 북한은 상황이 다르다. 연호의 사용은 권력과 상관없는 정신적인 지도자에게 바치는 상징성이 있다.

주체 연호는 권력의 자리가 아니라 정신적인 존경의 표시이다. 단순히 최고지도자에게 붙이는 것이 아니다. 현재 북한의 최고 권력지는 국방위원회 위원장 김정일이다. 국방위원회 위원장의 자리는 헌법상의 최고 권력의 자리는 아니다. 헌법상 북한을 대표하는 것은 최고인민회의 상임위원회 위원장이다. 이전에는 최고지도자를 의미하는 주석이라는 자리가 있었으나 1998년 헌법 개정을 통해 없어졌다. 따라서 현재는 '주석'이라는 자리는 김일성에게만 있었던 직책이 되었다. 헌법을 개정하여 주석 직을 다시 살리지 않은 이상 새로운 연호의 사용도 없을 것이다.

철(哲)과 수령

철(哲)은 삶의 가치 기준이다. 가치 기준은 무엇인가를 선택해야 할 때 드러난다. 가령 돈과 명예를 선택하던가, 직업을 선택해야 할 때처럼 말이다. 철학의 중심에 수령이 있다는 말은 어떤 삶을 살아갈 것인가에 대한 해답 역시 수령에게서 찾는다는 것을 의미한다.

지금 내가 하는 일이 옳은 일인가 아닌가를 판단하는 기준이며, 내가 이 사회를 위해서 무엇을 할 것인가 역시 수령의 '말씀'에 기대어 판단하고 따라야 한다. 수령의 뜻을 제대로 판단하지 못할 수도 있다. 수령은 정치적으로 전능한 존재이기에 그 만큼의 정치적 견해를 갖지 못한 인민으로서는 수령의 뜻을 이해하지 못하는 것이 당연한 일일 수도 있다. 이러한 인민을 위해 존재하는 것이 당이다. 당은 수령의 뜻을 인민들에게 잘 전달하고 지도하여 삶의 가치와 의미를 부여해 준다. 따라서 당의 뜻을 잘 따르는 것은 수령을 따르는 것인 동시에 사회주의 조선에서 참다운 인간으로 살아가는 것이다.

수령이 역사발전의 주인공으로 인민들의 앞길을 열어 주는 것이 임무라면, 이런 수령을 충심으로 따르는 것이 북한 사회가 높이 평가하는 '주체형의 공산주의적 인간'인 것이다. 이 수령과 인민이 하나의 가치로 묶여질 때 참다운 아름다움이다.[2]

주체사상탑

북한에서 가장 아름다운 것은 '당과 수령에 대한 끊없는 충성심을 간직하고 사회정치적 생명을 빛내여나가는 주체형의 공산주의적 인간'이며, 그들의 '창조적 노동에 의하여 거창하게 변모되여가는 조국의 자연'이며 '세상에서 가장 우월한 사회주의 제도'이다.[3]

미적 아름다움(文)·역사적 토대(史)·철학적 가치(哲) 등 문화적 정체성을 이루는 모든 기준이 수령 중심으로 되어있는 것이 유일사상체제이다. 유일사상 체제는 1960년대 중반 형성된

---

2 '공산주의적인간학', 『문학예술사전(상)』, (과학백과사전종합출판사, 1988), p. 215.
3 김정일, 『미술론』, (조선로동당출판사, 1992), p. 12.

이래로 단 한 번도 변화된 적이 없다. 평양을 비롯하여 북한 전역에서 혁명사적지를 건설해 놓고 최고지도자 동상이나 표식비, 그림판을 볼 수 있도록 한 것도 이러한 수령에 대한 인민의 마음을 반영하는 것이다. 대내외적인 상황에 따라서 구체적인 문화현상은 변화된 적이 있지만 문화정체성에 대한 본질로서 인민에게 교육하는 가치관이나 최고 이상으로서 미학 역시 충실한 수령관에서 벗어난 적은 없었다.

> 우리는 평양시의 웅장 화려한 모습을 통하여 위대한 수령님을 해와 달이 다하도록 높이 우러러 모시며 이 세상 끝까지 따르려는 우리 인민의 숭고한 충성심과 사상정신세계를 느끼게 되며 수령님의 현명한 령도 밑에 온갖 애로와 난관을 용감하게 이겨내며 승리적으로 전진해온 우리 인민의 백절불굴의 투지와 혁명적 기상을 감수하게 된다. 우리는 인민의 기쁨 넘치는 공원과 유원지, 극장과 살림집을 볼 때마다 한평생을 인민을 위하여 바쳐오시는 위대한 수령님의 따뜻한 사랑에 대하여 가슴 뜨겁게 느끼게 된다.(김정일, 「건축예술론」『김정일저작집11』(평양: 조선로동당출판사, 1997), p. 147.)

북한에서 문화는 어떻게 생성되고 유통되는가

남북 사이의 문화적 이질감을 형성하는 토대중의 하나가 문화의 유통 구조이다. 시장경제에서는 이 모든 작동 기제가 시장원리에 적용받는다. 작품을 창작하는 기준이 되는 것도 시장성이고, 작품을 유통시키는 것도 시장이다.

작품의 가치도 시장의 판단에 의해 이루어진다. 계획경제에서는 문화의 작동기제가 계획경제의 원리에 의해 작동된다. 계획경제 하에서는 국가 운영의 상당 부분이 계획에 의해 작동된다. 문화를 만들어 내는 것도 국가요, 문화를 유통시키는 것도 국가이다.

예전에는 유통보다는 생산이 중요한 문제였다. 잘 만들어지기만 하면 사람들에게 읽히고 보이는 것은 차후의 문제였다. 그러나 현대사회에서 문화는 철저한 창작단계서부터 유통시

북한 호텔 매점에서 판매중인 각종 출판물

템이 작동한다. 아무리 잘 만들어진 문화라고 하여도 소비자들에게 이르지 못하면 의미가 없다. 정말 잘 쓰여진 문학작품이 활자화되어 읽히지 않는다면 어떤 의미가 있겠는가? 대중적으로 유통될 수 있는 구조가 있어야 한다.

소설 한 편을 예로 들어 보자. 우리가 서점이나 인터넷을 통해 쉽게 구입할 수 있는 소설이 만들어지기까지는 어떤 과정이 필요할까. 우선 작가는 열심히 소설을 써서 출판사에 가져가면 출판사에서는 편집을 해서 인쇄소에 보내고, 인쇄소에서는 다시 제본소에 보내어 책을 만든다. 이렇게 만들어 진 책은 다시 중앙배급소를 통해 도소매점으로 팔려나가거나 인터넷을 통해 독자에게 전달된다.

북한의 소설 CD

간혹 '북한에도 포르노가 있는가' 혹은 '북한에도 빨간 책이 있는가'라는 질문을 받는다. 아마도 북한 사회도 사람이 사는 사회이고, 사람이 사는 곳에서는 욕망을 채워줄 문화상품들이 있는 것으로 생각한다. 확인 되지는 않지만 되지는 않지만 있을 것이다.

문화는 고급문화보다는 저급문화가 훨씬 더 시장에 미치는 영향력이 크다. 또 많은 경우 건전한 예술보다는 상업적이거나 저속한 것부터 시작한다.

영화도 그랬고 컴퓨터도 그랬다. 새로운 기술과 예술이 결합되는 데는 상당한 시간이 필요하다. 백남준의 비디오아트나 컴퓨터 음악, 컴퓨터 예술 등의 경우를 생각해 보자.

다만 북한 문화예술 작품의 야한 정도는 알 수 없다. 확인할 방법도 없다. 그럼에도 불구하고 있다고 생각하는 것은 어떤 시대이건 간에 이런 문화는 늘 존재해 왔기 때문이다. 조선시대에도 춘화(春畵)는 있었고, 영화 <음란서생>에 나왔던 그런 야한 책이 있었다. 따라서 북한이라고 하여도 이런 작품들의 유통은 당연한 것처럼 생각될 것이다.

북한의 비디오

그러나 분명한 것은 그것이 대중적으로 유통되기는 어렵다는 것이다. 이유는 간단하다. 만들 수 있는 수단이 적절하지 않기 때문이다. 책을 예로 들어 보자. 북한에서는 인쇄소라고 해서 아무 책이나 마구 찍는 것이 아니다. 국가의 계획에 의해 필요한 만큼의 책을 찍어 낸다. 유통시키는 것 역시 마찬가지이다. 간단하게 등사를 해서 책을 만들어 돌려보거나 노트에 써서 돌려볼 수는 있을 것이다.

한미 자유무역협정(FTA) 체결에 앞서 쟁점이 되었던 사항 가운데 하나가 스크린쿼터제였다. 영화인들이 거세게 반대하였던 이유도 문화의 산업적 영역이 강해지면서 작품의 예술성보다 유통 구조가 중요해졌기 때문이다.

북한에서 예술에 대해 국가가 적극적으로 개입하는 것은 사회주의 예술이 자본주의의 예술소외에 대한 비판으로 출발하였기 때문이다. 즉 자본주의 하에서 예술은 인민의 것이 되지 못하고 자본가를 위한 예술로 존재한다는 것이다. 이러한 예술은 시대적 소명에도 맞지 않고 예술의 본질과도 거리가 있는 것이다. 그렇다면 예술의 본질적인 목적은 무엇이며, 그에 걸맞는 형태는 어떤 것인가? 이런 질문에 대하여 북한에서는 다수의 인민대중을 지향하고 인민이 즐길 수 있는 문화를 진정한 문화로 평가한다.

북한의 문화는 다수 인민대중을 대상으로 집단적으로 수용·향유되며, 접근 및 이해가 비교적 수월한 문화로 당과 국가 기관에 의해 양산된다는 점에서 일정 부분 대중문화적인 특성을 보인다. 그러나 내용에 있어서 인민의 교양과 학습에 초점이 맞추어져 있다는 점에서 대량소비를 지향하는 대중문화와는 거리가 있다.

금성청년출판사의 그림책
〈격전을 앞두고〉

북한 문화는 상업적 목적에 의한 일방적 전달과 소비가 중심인 매스 컬쳐(mass culture)의 대중보다는 가치중립적인 용어로서 포퓰러 컬쳐(populture culture)의 개념에 가깝다고 할 수 있다. 그러나 북한 문화는 당에서 인민에 이르는 일방적인 전달 구조를 갖고 있으며, 문화적 선택구조가 제한되어 있어 취향공중(趣向公衆)의 의사가 직접 반영되지 못한다.[4]

인민을 위한 예술의 필요성과 가치 평가에 의하여 모든 예술 활동을 국가가 직접 관리하고 운영한다. 예술가들은 국가에 소속되어 있으

---

[4] 임순희, 『북한의 대중문화-실태와 변화전망』(통일연구원, 2000) 참조.

며, 국가의 창작 방침과 목표에 맞추어 작품을 창작한다. 작품을 유통시키는 것도 국가의 몫이다. 예술가들은 창작 계획서를 작성하고 국가의 승인을 받아 창작에 필요한 물품을 국가로부터 지원받는다. 이렇게 만들어진 작품은 국가의 기준에 의해 검열되고 유통되는 데, 검열기준은 인민 생활에 도움이 되고, 당대 사회에 필요한가 하는 점이다. 이 검열기준을 통과한 작품만이 인민들에게 보여 질 수 있는 것이다.

계획경제 하에서는 예술가들의 안정적 지위와 창작 여건이 구비되어 있어 상업적인 영향을 받지 않고 대작을 창작할 수 있다. 출연인원 10만 명에 달하는 <아리랑>과 같은 작품이나 수천 명의 합창단, 수만 명의 보조연기자가 출연할 수 있는 작품이 가능하다. 하지만 국가가 요구하는 정책 방향을 벗어난 작품 외에는 창작되고 유통될 수 없다. 반면 시장경제 하에서는 시장성이 없는 작품 역시 유통되기가 쉽지 않다. 때론 상업적 흥행을 위하여 사회 도덕성을 넘어 서기도 한다. 흔히 대중문화의 부정적 양상으로 언급되는 선정성과 폭력성이 과도해지는 것도 시장원리 때문이다.

이처럼 작동 시스템이 다른 남북 문화를 두고 하나의 기준으로 평가하는 것은 무리다. 국정홍보처에서 만든 영화와 일반 영화를 같은 기준으로 놓고 평가하는 것과 같다.

체육출판사의 <조선무술명인전>

아름다움에도 휴전선은 있다

웃음이 통할 수 있다면 문화적 갈등을 없을 것이라고 단언한다. 내가 남북 문화를 비교하면서 동질성과 이질성을 평가하는 잣대이다. 북한의 희극을 보고 웃을 수 없다면 문화적으로는 이질화가 상당히 진행되었다고 보아야 할 것이다.

아름다움도 그렇다. 무엇이 아름다운 지를 함께 느낄 수 있다면 심정적으로 교류의 틀은 놓여 있다고 할 것이다. 북한 예술을 보면 아름다운 것도 있고, 그렇지 않은 것도 있다. 대체로 자연 풍광을 그리거나 도자기 등을 보면 아름다움을 느끼겠지만 포스터를 보면 저것도 예술인가 하는 생각이 든다.

분명 개인적 편차는 아니다. 미학에 대한 생각이 다르기 때문이다. 아름다움은 본디부터 있는 것이 아니라 관심과 이해관계에 따라서 달라진다. 경국지색의 아름다운 자태도 시대에 따라 달라진다. 천하절색 양귀비도 요즘 기준으로 보면 괴로운 미녀에 가깝다고 하지 않은가

'나는 이쁘지 않다. 그러나 나는 아름답다'

광고카피의 하나이다. 이쁘다는 것은 외형적인 아름다움만을 강조한 것이라면 뒤의 아름답다는 것은 내면적 가치를 포함하는 말이다. 아름다움이 의미하는 기준이나 개념은 시대를 달

리하여 변화되어 왔다. 현대사회에서 아름다움의 여러 기준 가운데 하나가 다르다는 것이다. '다르다'는 의미는 남과 나를 구분한다는 뜻이고, 다른 것과 같은 나만의 것을 만들어 가는 것이 아름다움의 하나로 평가된다.

<사랑과 영혼>의 주술사로 나왔던 우피골드버그라는 여배우가 있었다. 검은 피부, 파마한 것 같은 꼬불머리, 에스라인하고는 거리가 먼 몸빼바지가 잘 어울리는 몸매의 배우지만 그녀에게 'most beautiful woman'이라는 수식어가 붙어 있는 것을 보았다. 그녀의 아름다움은 어디에 있을까? 바로 자신의 세계를 만들어 갔기 때문이 아닐까.

우리에게 아름다움이란 무엇일까? 불교적 가치관을 빌리면 아름다움은 각자의 내면 속에 있다. 좋아하고, 싫어하고, 미워하는 모든 감정이 다 마음 속에 있는 것으로 설명한다. 아름다움 역시 마음 속에서 느끼는 감정의 하나이다. 마음이 없다면 아름다움도 없다. 내가 대상을 인식하게 될 때, 그 인식의 대상은 내게로 와서 인식된다. 아침에 일어나 학교에 오기까지 보았던 많은 사람들을 떠올려 보자. 아침 아파트 계단 앞에서 만났던 사람들이며, 아파트를 나와서 지하철을 타

그림책 〈서산대사〉

면서 그 속에서 수도 없는 사람들을 만났을 것이다. 이들 가운데 특별히 기억나는 인물이 있는가? 없다면 왜 그렇게 많은 사람 중에서 기억나는 사람이 하나 없을까?

이야기를 돌려보자. 예전에 보았던 영화를 떠 올려보자. 기억나는 영화가 있을 것이고, 그 영화의 한 장면이 그림처럼 떠오를 것이다. 왜 그럴까? 왜 그 영화의 한 장면은 그리도 오랫동안 뇌리에 박혀 잊혀 지지 않는 것일까?

그림책 〈김정호〉

몇 년전 북한에서 남북사상 처음으로 남북작가대회가 열렸다. 며칠 간의 일정을 마치고 돌아온 작자들의 소감이 여러 신문에 실렸다. 같은 일정을 소화한 작가들이었지만 어떤 작가는 북한에 대하여 인간적 따뜻함을 느꼈다고 감격에 겨워했고, 어떤 작가는 기계적인 살벌함을 느꼈다고 토로하였다.

미의 기준이 다소 객관적이고 수치화 할 수 있는 것이라면 아름다움은 내면적이고 도덕적 판단이 필요로 하는 것 같다. 미인선발대회에는 일정한 기준이 있는 반면 아름다움은 곧잘 그 사회의 바람직한 가치관을 실천하거나 희생적인 모범적 행동과 연관되곤 한다.

아름다움을 드러나는 아름다움인 미(美)와 내면의 감추어진 아름다움인 선(善)으로 구분 한다면 북한에서 아름다움은 미(美)보다는 선(善)에 가깝다. 북한에서는 참다운 예술을 '시대의 요구와 인민대중의 지향을 옳게 반영하여 사람들에게 생활의 본질과 아름다움, 사회발전의 합법칙성을 밝혀주는 데 이바지'[5]하는 예술을 참다운 예술로 평가한다.

여기서 아름다움이란 사물 자체의 아름다움 때문에 느끼는 감정이 아니다. 사물이 아름다운 것은 그 사물이 인간의 자주적인 요구와 지향에 맞기 때문이라고 본다. 인간의 요구라는 것은 무엇인가? 간단히 말하자면 인간의 필요성을 말한다.

주체사상에 의하면 인간은 기본적으로 자주성에 기초한 요구와 지향을 가지고 있으며, 창조적인 활동을 통하여 자주적인 요구를 실현해 나가는 존재이다. 사회의 중심에 인간을 둔다. 따라서 이 세상에서 인간의 이익보다 더 귀중한 것은 없으며, 인간의 위하여 복무하는 한도 안에서 가치를 갖는다.

인간이 살아가기 위해 창조적으로 자연을 개조하는 과정을 '투쟁'이라고 한다. 이 투쟁, 즉 인간이 보다 나은 창조적인 삶을 위하여 이용 가능한 대상을 선택해야 하는데, 이때 선택되는 대상의 가치가 인간이 속한 계급적 상황에 따라서 달라진다는 것이다.

대상을 선택하는 인간이 속한 계급적 위치에 따라서 자신이 지향하는 것과 필요로 하는 것에 대한 기쁨과 만족, 사랑과 같은 긍정적인 감정의 정도가 다르다. 자신의 지향과 요구에 가장 맞는 대상에 대해서는 긍정적인 감정을 갖지만 맞지 않는 것에 대해서는 불만과 증오, 불쾌감 같은 부정적 감정을 갖는다는 것이다.

---

5 김정일, 『미술론』(조선로동당출판사, 1992), p. 1.

이솝의 우화 가운데 '여우와 신포도'라는 이야기가 있다. 배가 몹시 고팠던 여우가 포도밭에서 탐스러운 포도를 먹으려다 실패하자, '저 포도는 틀림없이 시어서 먹지 못할 거야'라고 하였다는 이야기이다. '여우와 신포도'의 이야기의 여우처럼 나와 관련이 있느냐, 없느냐에 따라서 대상에 대해 느끼는 감정도 크게 달라진다. 김춘수의 시 <꽃>에서처럼 아름다운 꽃도 이름을 불러주기 전까지는 다만 하나의 몸짓에 불과하였다. 그 이름을 불러주었을 때 비로서 내게로 와서 의미 있는 꽃이 되는 것이다.

이처럼 인간의 감정 가운데서 아름다움을 느끼는 미적 감정은 인간의 요구에 맞는 대상을 파악하며 창조할 때 느낀다. 그러므로 인간이 자신의 자주적인 생활을 위하여 목적의식적으로 자연과 사회를 인식하며 개조하는 적극적인 목적의식적으로 활동을 벌일 때 미적 감정을 통한 아름다움이 커진다는 것이다.

농민을 형상한 조각상

세계와 자기 자신을 파악하고 개조하기 위한 적극적인 활동 없이는 사람이 미적 감정을 통하여 감수하는 아름다운 사물현상이 존재할 수 없다.[6]

북한에서는 사물의 아름다움, 인간과 사물의 관계에 대한 규정이 주체시대에 와서야 비로소 이루어졌다고 본다. 아름다움의 본질에 대한 문제는 오직 주체의 미학관에 의해서 완성되었기에 예술적 관점은 주체의 미학관으로 귀결된다는 것이다. 관념론의 미학에서는 미의 본질을 절대이념이나 신의 발현이나 인간의 주관적 의식의 산물로 본다는 것이다. 관념론은 인간의 의식이나 초자연적인 실체에서 미를 찾으려 하였다는 것이다. 유물론적 미학은 객관적 사물현상에서 미의 본질을 찾으려 하였으나 정확한 해명을 하지 못하였다는 것이다. 유물론에서는 아름다움을 사물현상의 개별적인 속성인 균형, 대칭, 조화, 전체와 부분의 통일, 전일성 등 자연의 외면적 속성을 미의 본질로 규정하였는데, 이는 미의 본질을 보지 못한 왜곡된 것이라는 것이다.

노동자를 형상한 조각상

6 김정일, 『미술론』(조선로동당출판사, 1992), p. 6.

조선화 〈돼지사양공〉

아름다움에 대한 여러 기준과 불완전성은 오직 주체의 미학관에 의해서 완전하게 해명될 수 있다는 것이다. 주체의 미학관이 인간의 본질적 특성에 대한 철학적 해명과 사람 중심의 세계관에 기초하여 인간의 자주성, 자주적 요구와 관계에서 아름다운 것에 대한 독창적인 해명을 할 수 있었던 것은 '주체의 미학관이 인민대중의 지향과 요구를 미의 기준으로 새롭게 제기'하였기 때문이다.[7]

주체의 미학관에 의하면 자연현상은 인민대중의 지향과 요구에 맞는가, 맞지 않는가에 따라서 아름다운 것과 아름답지 못한 것이 분명하게 갈라진다. 그런데 사람의 지향과 요구에 맞는 사물현상이 아름다운 것은 미의 일반적인 법칙이지만 구체적으로 구현되는 계급적 성격을 통하여 구체화되면서 상대성과 가변성을 갖는다. 다시 말해 계급적 상황에 따라서 아름다운 것으로 느낄 수도 있으며, 추한 것으로 느끼기도 한다.

7 김정일, 『미술론』 (조선로동당출판사, 1992), p. 9.

어떤 예술 작품이던 자신이 속한 사회적 계급의 입장을 반영하게 되는 데, 봉건시대에는 봉건지주 계급의 이익을 반영한 작품이 나오고, 자본주의 시대에는 자본주의 이익을 대변하는 예술이 나온다는 것이다. 예술이 계급성을 갖는 것은 예술을 창작하는 예술인들이 사회적인 계급성을 갖기 때문이다.

작가, 예술인들은 작품 창작 과정에서 창작에 적합한 소재를 선택하고 형상하는 과정에서 어쩔 수 없이 자기가 속한 사회적 계급의 사상과 감정 의지를 반영하게 된다. 물론 작가, 예술인들의 사회적 계급성이 문학작품에 그대로 반영되는 것은 아니다. 일정한 조건 속에서 굴절되기도 하지만 결과적으로 계급성을 반영하지 않을 수 없다는 것이다.

로동 계급을 비롯한 인민대중과 반동계급, 착취계급은 같은 대상을 놓고도 서로 상반되는 미적 감정을 체험하게 된다. 인민대중이 아름다운 것으로 받아들이는 대상에는 착취계급에게서 미적 감정을 불러일으키지 못하는 것이 있을 수 있고 반동계급이 찬미하는 대상에는 인민대중이 추한 것으로 느끼는 것이 있다.[8]

수령을 향한 인민들의 간절한 마음을 표현한 조선화 〈수령님 이밤도 어데가시옵니까〉

[8] 김정일, 『미술론』, (조선로동당출판사, 1992), p. 10.

아름다움이 계급적인 성격을 반영하기에 아름다움은 계급적 집단의 심리와 개성적인 특성을 반영한 기준을 갖게 된다. 즉 백인백색(百人百色)마냥 백인이면 백가지의 기준이 천인이면 천 가지의 기준에 따라서 다양해 질 수밖에 없다.

미의 기준은 다양하고 복잡하지만 그래도 무엇이 아름다운 지를 그렇지 않은 지를 평가하기 위하여 일찍부터 기준을 만들어 평가의 척도로 활용하여 왔다. 미의 기준은 미의 객관적 법칙과 일치할 때 과학적인 기준이 되는데, 지금까지 인류사상사에서 제기된 미의 기준은 사회역사적·계급적 제한성을 벗어나지 못하였다.

한자로 미(美)는 양(羊)과 크다(大)는 글자가 합하여 이루어진 단어이다. '양이 크다', '큰 양'이 왜 아름다울까. 여러 마리의 양 가운데서 큰 양이 아름다운 이유는 무엇 때문일까? 양 대신 한국적 상황에 맞게 소로 바꾸어 보자. 여러 소 가운데 큰 소가 아름다운 이유는 무엇일까. 값이 많이 나가기 때문이다. 이왕지사 큰 놈이면 큰 돈을 벌 수 있으니까. 팔지 않고 잡아 먹어도 고기가 많다. 양 가운데 큰 놈이 아름답게 보인 이유도 여기에 있었을 것이다. 이왕 큰 놈이면 한 마리를 잡아도 여럿이 배불리 먹을 수 있을 것이다. 그래서 먹을 것을 기준으로 한다면 큰 놈이 가장 아름다운 것이다.

먹을 거리가 부족할 때 아름다운 기준이 먹을 것이 많은 것이었다면, 시장경제에서 아름다운 것은 무엇일까. 아마도 돈 벌어주는 기계가 아닐까. 돈 잘 벌어주는 기계가 하나 있으면 얼마나 이쁘게 보일까.

사회주의는 자본주의 예술을 이렇게 본다. 예술이고 무엇이고 간에 다 자본을 위해 존재하는 것으로 평가한다. 원래 예술은 인민 대중의 것이 되어야 하는데, 그렇지 못하고 일부 자본

전통 문화를 계승하여 현대적 작품으로 재창작한 민속무용 〈장고춤〉

가들의 예술이 되었거나 자본가를 위한 예술이 되었다는 것이다. 이런 저런 점에서 자본주의에서 예술은 착취계급을 위해 복무하는 예술로서 자본주의의 이념을 강화시켜 나가고 일부 계층의 향락을 위한 수단으로 이용되는 예술이 되었다는 것이다.

자본주의 예술이 자본의 굴레를 벗어나지 못한다면 사회주의 예술은 정체성이 규정된 그 사회의 틀 안에서만 작동된다. 사회주의가 사회적 계급에 기초하여 운영된다면 자연 사회주의 예술도 철저하게 계급성에 기초하여 의미를 갖는다.

사회주의에서 예술이 갖는 일차적 목표는 반자본적인 계급성으로 무장하는 것이다. 사회주의 예술은 "근로인민대중이 착취계급과 착취사회를 때려 부시고 착취 없고 압박 없는 새 사회를 일떠세우기 위한 혁명투쟁에 떨쳐 일어선 력사적 시기에 자강 선진적이며 혁명적인 계급인 로동계급의 리익과 지향을

전통 문화를 계승하여 현대적 작품으로 재창작한 민속무용 〈물동이춤〉

반영하여 나온 혁명적인 문학예술"[9]이기 때문이다. 따라서 "계급성은 가장 선진적·계급적인 로동계급의 이익을 리해관계를 옹호하며 사회주의 공산주의 건설을 목적으로 하는 로동계급성으로 발현"될 때 인민을 위한 예술이 된다는 것이다.[10]

예를 들어 무용의 경우 계급사회 이전에는 계급적 성격을 나타내지 않았으나 계급사회 이후 계급적 성격을 갖게 되었고, 착취계급이 통치와 향락 수단으로 이용하면서 무용예술이 발전하지 못하게 되었다는 것이다.

우리 나라에서 무용이 독자적 예술분야로 발전한 것은 매우 오래전부터였다. 우리 인민은 예로부터 자기의 창조적인 생활을 아름답고 우아한 률동에 담아 민족무용을 훌륭하게 창조하고 발전시켜 왔다. 그런데 착취계급사회에 들어와서 지배계급이 무용예술을 저들의 통치와 향락을 위한 수단으로 리용하였기 때문에 무용예술의 발전이 심히 억제되었다.[11]

착취계급사회에서 무용은 소수의 착취계급이 향락의 도구로 이용하게 되면서 인민들의 생활감정과 정서에 맞는 참다운 예술로 발전하지 못하였고, 봉건사회에서 지배계급은 종교교리를 사람들에게 퍼뜨리기 위하여 종교의식에서 무용을 배합하도록 하였다. 자본주의 사회에 들어와서는 부르조아 사상감정과 생활을 반영한 자본주의 무용이 생겨났다.

자본주의 무용은 "인민의 건전한 사상의식과 생활을 좀먹고 사람을 부패타락한 생활에로

---

[9] 『문학예술사전』(과학백과사전종합출판사, 1989), p. 586.
[10] 이에 대해서는 사회과학원, 『주체사상에 기초한 문예이론』(사회과학출판사, 1975), p. 73 참조.
[11] 김정일, 『무용예술론』(조선로동당출판사, 1992), pp. 11-12.

부추"기는 무용으로 부르조아의 나태하고 퇴폐적인 생활을 기형적인 율동에 담은 반인민적인 무용이다. 특히 술놀이장이나 유흥장에서 범람하고 있는 유흥무용은 "인민의 고상한 사상감정을 마비시키고 자주성을 억제하는 가장 반동적이며 반인민적인 무용"[12]으로 평가한다.

조금 의아스럽다. 북한에서 '가장 반동적이며, 반인민적인 무용'으로 비판한 '술놀이장이나 유흥장에서 범람하고 있는 유흥무용'이란 것이 어떤 것인가. 우리의 관점에서는 정식 예술이 아니거나 적어도 고상한 예술로 인식되지 않는 것이다. 술놀이장이나 유흥장이라는 제한된 공간 안에서 제한된 대상에게 제한적으로 보여주는 것이다. 하지만 북한의 관점으로 보았을 때는 예술과 비예술의 경계, 대중예술과 고급예술의 경계는 엄밀하지 않다. 인민들이 즐기는 것은 모두다 예술의 영역이거나 군중문화가 되기에 비판의 칼날이 겨누어 지는 것이다.

공중방송사의 노출사고를 보도한 북한 방송

대립적 관점에서 예술관을 놓고 비판할 때는 상대편의 약점을 물고 늘어진다. 우리의 관점으로 북한 예술을 보았을 때는 창작의 자율성도 없고, 예술적 창의성도 약해 보인다. 반면 북한의 관점으로 남한 예술을 보았을 때는 제대로 된 내용의 작품도 없고, 주체적이지도 못하게 보인다. 예술에 대한 치열한 공격은 1985년 남북교류를 통해 드러났다. 분단 이후 최초로 이루어진 서울예술단의 평양 공연과 평

12 김정일, 『무용예술론』(조선로동당출판사, 1992), p. 15.

양예술단의 서울 공연을 지켜보면서 남한의 예술인들은 북한의 예술에 대하여 '국적 없는 예술, 정치에 종속된 예술'로 '예술의 죽음'에 조의를 나타냈고, 북한 예술인들은 남한 예술을 보면서 주체성도 없는 자본주의 매춘 문화로 매도하였었다.

문화적 편견과 자문화 중심주의 입장에서 볼 때 낯선 문화를 이해하기란 쉽지 않다. 남북의 문제만은 아니다. 우리와 수 십 년 동안 교류가 없었던 지구상의 어떤 나라를 갖다 놓아도 그 문화를 이해하기가 쉽겠는가? 북한 문화가 낯선 것도 그 자체를 이해하는 토대가 없었기 때문이다. 어떻게 하나가 될 것인가를 구체적으로 고민하지 않았던 당연한 결과이다.

주요 명절이나 행사 때 열리는 축하 공연

건축을 예로 들어 보자. 북한에서는 자본주의 사회의 건축은 반인민적이고 퇴폐적인 건축으로 설명한다. 자본주의 사회에서는 근로인민대중의 창조적인 노동을 통하여 물질적인 토대와 과학기술이 발전하였지만 사회의 지배사상과 정치도덕적인 이념이 반동화 되면서 인민 대중은 그 반동사상과 문화의 구속을 받게 되었다는 것이다. 그 결과 "자본주의사회에서는 건축창조의 모든 물질적수

전통건축양식을 현대화 한 옥류관

단이 극소수의 재벌들에게 장악되여있고 건축이 그들의 향락과 리윤추구에 전적으로 복무하고 있으며 건축가와 건설자는 먹고 살아가기 위하여 돈의 노예가 되어 마지못해 일하기 때문에 인민대중을 위한 건축이란 생각조차 할 수 없다"[13] 는 것이다.

자본주의 예술에 대한 비난과 사회주의 예술에 대한 비판은 주체예술에 대한 찬양으로 이어진다. 북한의 미학은 앞선 시대의 문제와 한계가 주체시대에 올바르게 해명되었다고 설명한다.

주체시대에는 당연하게도 주체시대에 맞는 미학적 관점이 있어야 하는데, 주체의 미학관이 시대적인 요구에 맞는 과학적인 기준을 제시하였다는 것이다. 주체의 미학관이 과학적인 기

---

13 김정일, 「건축예술론」, 『김정일저작집11』 (조선로동당출판사, 1997), p. 123.

준이 된다고 설명하는 근거는 무엇보다 인민대중의 지향과 요구를 반영하고 있다는 것이다. 주체사상은 인민대중은 사회적 운동의 주체로서 인간의 자주적인 요구와 지향을 실현하는 중심으로 설명한다. 따라서 이 중심에 있는 인민대중의 자주적인 요구와 지향에 맞으면 바로 시대의 요구와 지향에 부합된다는 것이다. 이것이 북한 문학예술에서 강조하는 인민대중을 위해 복무하는 예술이다.

> 인민 대중의 자주적 요구와 근본리익에 맞게 사회주의 문학예술을 건설하려면 우리 식의 창작 방법에 철저히 의거해야 하며 문학 예술에 대한 당의 령도를 확고히 보장하고 혁명적 문학예술 전통을 굳건히 옹호 고수하고 빛나게 계승 발전 시켜 나가야 한다. 주체 시대 사회주의 문학예술의 유일하고 옳은 창조 방법론인 주체 사실주의는 주체의 철학적 세계관에 기초하여 인간과 생활을 보다 진실하게 그려냄으로써 문학예술로 하여금 인민대중을 참답게 복무할 수 있게 하는 방법론이다.[14]

전통건축양식을 현대화 한 인민대학습당

그렇다면 인민의 자주적인 요구와 지향에 맞는 요구는 어떻게 확인되는가? 이 시대의 요구와 인민의 지향에 맞는 요구는 바로 수령이라는 존재를 통해 확인된다.

---

[14] 고철훈, 「문학예술 창작에서 사회주의 원칙을 철저히 견지하자」, 『조선어문』 1992년 4호, p. 23.

앞서 언급하였듯이 북한 사회의 핵심 키워드는 수령이다. 공식적 활동에서 수령을 떠난 어떠한 활동도 의미가 없다. 시대의 요구와 인민대중이 지향하는 바를 이론화하고 이를 투쟁의 길로 이끄는 자가 바로 수령이기에 수령의 요구에 충실히 따르는 것이 시대의 요구를 반영한 선진적인 예술이 되는 것이다.

> 오늘 우리 인민에게 있어서 가장 아름다운 것은 당과 수령에 대한 끊없는 충성심을 간직하고 사회정치적생명을 빛내여나가는 주체형의 공산주의적인간의 참된 모습이며 그들의 창조적 로동에 의하여 거창하게 변모되여가는 조국의 자연이며 세상에서 가장 우월한 사회주의제도이다.[15]

배움의 천리길을 떠나는 장면을 그린 조선화

---

15 김정일, 『미술론』 (조선로동당출판사, 1992), p. 12.

예술에서 아름다운 것은 현실에 있는 아름다운 것을 형상을 통해 반영하는 것이다. 따라서 아름다운 예술이 되기 위해서는 인민들에게 있어 가장 아름다운 주체형의 공산주의적 인간의 참모습과 변화되는 조국의 자연, 사회주의 제도를 예술적 형상으로 반영해야 하는 것이다. 따라서 미술가들이 훌륭한 작품을 창작하기 위해서는 정치적 식견과 예술적 기량을 갖추고 모든 사물현상을 혁명적 관점에서 보고 정확하게 판단할 수 있는 능력이 요구된다.

조선화 〈혁명의 위대한 수령 김일성동지를 목숨으로 보위하시는 김정숙동지〉

자연을 그릴 경우에도 혁명적 관점을 가져야 한다. 주체의 미학에 따르면 미술에 그려진 자연은 인간생활의 정서가 반영된 자연이어야 의미를 갖는다. 자연을 그릴 때는 뜻이 깊고 정서가 넘치게 그릴 것을 강조한다. 자연을 뜻이 깊게 그려야 하는 것은 인민대중의 창조적 활동과 결합되어 있기 때문이며, 민족의 역사가 배어있기 때문이다. 북한을 방문하게 되면 쉽게 유명화가들이 그린 예술작품을 접하게 된다. 회화작품이나 수예 혹은 보석화 작품 등에 그려진 자연이 아름다운 것은 자연 자체가 아름다워서 대상이 되는 것이 아니다. 그 대상 속에 그려진 자연을 지키기 위하여 얼마나 많은 희생이 있었으며, 얼마나 많은 사회적 의미가 있는 지를 알아야 한다.

자연 대상 자체를 유미(唯美)주의적으로 그려내는 것은 '자연주의적' 풍경화로서 비판의 대상이 된다. 그러나 그 자연에 담겨진 의미를 알고 그릴 때는 달라진다. 예컨대 혁명사적지나 묘향산, 백두산, 금강산 등의 명산이나 노동의 모습을 담은 구상적 회화는 '사실주의적'인 회화가 된다.

> 백두에서 시작된 주체혁명위업의 종국적 승리를 위하여 힘차게 전진하고있는 우리 조국의 모습은 이 세상 그 어디에도 비길데 없이 아름답다. 조국땅 이르는 곳마다 당과 수령의 위대한 령도가 활짝 꽃펴나고 고매한 덕성이 자욱자욱 수놓아져있는 것으로 하여 산천은 참으로 아름답다. 이땅우에 일떠선 크고작은 모든 창조물과 한포기의 풀, 한그루의 나무에도 주체의 해발 아래 걸어온 우리인민의 자랑스러운 투쟁력사가 깃들어있다.[16]

화가들이 자연을 뜻이 깊게 그리기 위해서는 자연의 아름다움을 심장으로 느껴야 한다. 자연을 심장으로 느낀다는 것은 자연을 그 자체로 보는 것이 아니라 자연에 얽힌 내면의 사연을 보라는 것이다. 넓은 들판을 보면서 집을 지을 생각을 하는 사람이 있고, 자연보호로 지구를 만들려는 사람이 있다. 자연을 바라보는 사람의 위치에 따라 자연에 대한 느낌도 달라지는 만큼 대상 형상하는 것도 같지 않다. 미술에서 뜻이 깊게 자연을 묘사하는 것은 인민대중의 입장에서 혁명에 이롭게 작품의 사상을 밝히는 것이다. 따라서 자연대상을 인민의 염원과 지향 그리고 생활감정을 반영하면서 혁명수행에 이바지할 수 있도록 그렸을 때 뜻이 깊은 그림이 된다. 간단히 말해 혁명이 예술에 선행하지 예술이 혁명을 넘을 수는 없다.

16 김정일, 『미술론』 (조선로동당출판사, 1992), p. 67.

예술에서 보편성과 민족성은 어떤 관계인가

민족옷을 소재로 한 수예작품 〈여인〉

　북한 예술에서 유난히 강조하는 것이 민족이다. 예술뿐만 아니라 북한 사회 전반을 통해 강조하는 부분이다. 미술에서는 조선화를 중심으로 하고, 음악에서도 민요를 오늘에 되살릴 것을 강조하였고, 악기도 전통 민족악기를 현대화하여 현대음악을 연주한다. 한복을 민족옷이라고 하여 생활화 할 것을 강조하고, 민족명절의 중요성도 크게 강조한다.

　예술에서 민족을 강조하는 것은 민족이 혁명의 기본 단위이며, 예술적 특성을 나타내는 기본 단위이기 때문이다. 예술은 각 민족마다 고유한 생성과정과 유통과정을 거치면서 민족적 특성을 갖는다. 따라서 현대예술에서 강조하는 예술의 보편성이나 세계성은 예술의 민족적 특성을 무시한 잘못된 이론이라는 것이다. 민족음악을 강조한다고 해서

서양음악을 부정해서도 안 된다고 말한다. 그러나 이때에도 중심은 민족음악이다. 서양음악의 도입과 발전은 우리 음악을 살릴 수 있는 한도 안에서 유효하다.

음악은 특히 민족적 특성이 두드러지게 나타나는 장르이다. 각 인민은 자기의 고유한 전통적인 민족음악을 가지고 있으며 이 민족음악은 민족생활의 고유성과 특수성을 반영하면서 역사적으로 형성되어 온 전통적인 음악인데, 이 민족음악이야말로 자기 민족의 심리적 특성에 맞고 민족적 감정과 구미에 가장 잘 들어맞는 음악이라는 것이다.

> 지난 시기 어떤 사람은 음악에는 국경이 없다고 하면서 음악은 민족과 국가의 관계를 초월한 《범세계적인 음악》으로 되어야 한다고 하였다. 이것은 세계주의를 고창하는 현대부르죠아리론가들의 반동적인 견해로부터 출발한 하나의 궤변에 지나지 않는다. 나라와 민족이 존재하고 나라마다 사람의 감정과 정서가 서로 다른것만큼 음악에 국경이 없을수 없다. 물론 음악의 언어는 민족들 사이에 공통되는 점이 많다 그러나 이것은 음악에 나라와 민족들 사이의 아무런 계선도 없다는 것을 의미하지 않는다.[17]

민족음악을 강조하는 것이 곧 전통 음악에 대한 모방이나 답습을 의미하는 것은 아니다.[18] 예술은 시대의 변화와 함께 발전하는 것이지 역사의 한 시점에 머물러 있는 것이 아니기 때문이다. 시간이 지나면 사회적 요구가 달라지므로, 새로운 요구와 조건에 맞는 예술로 발전되어야 한다는 것이다. 기실 예술은 시대를 따라 변화되어 왔다. 시대별로 유행하던 음악이 달랐고, 모더니즘 이후 포스트모더니즘처럼 그 시대를 관조하는 예술사조가 있었다. 이런 변화

17 김정일, 『음악예술론』 (조선로동당출판사, 1992), p. 19.
18 김정일, 『음악예술론』 (조선로동당출판사, 1992), p. 19 : "민족음악을 장려한다고 하여 복고주의를 허용하지 말아야 한다.

북한의 대표적인 개량민족악기 '옥류금'

에 주목한 것이다.

전통의 민족적 선율을 바탕으로 하면서 새로운 선율적 요소를 찾아내어 발전시켜 현 시대의 민요로 불리울 수 있는 노래를 만들어야 한다는 것은 전통의 토대 위에서 시대에 맞는 노래를 만들어야 한다는 것이다.

민족적 예술이 의미를 갖기 위해서는 민족음악 유산 가운데서 낡고 반동적인 것을 버리고 진보적이고 인민적인 것을 살려 '현대적 미감'에 맞게 발전시켜야 한다는 것이다. 다른 이야기이지만 민족적 예술이나 전통예술 혹은 클래식의 반열에 올라선 작품들은 끊임없이 새로운 시대의 변화와 발맞추어 현대화되는 과정을 겪어 왔다. 우리 민족의 대표적인 고전 작품인 <춘향전>의 경우, 소설이며, 판소리뿐만 아니라 신문연재소설로, 국극으로, 창극으로, 영화로, 뮤지컬로, 오페라로, 무용으로, 마당극으로, 애니메이션으로 만들어졌다. 이 과정이 늘 축복 속에 이루어진 것도 아니었다. 예술의 진정성에 대한 논란과 작품 정신의 훼손 논란이 있었지만 이 과정을 통해 표현이 풍부해지고, 다양해지면서 끊임없이 자양분을 얻어 왔다.

이런 점에서 북한의 문화정책은 우리에게도 시사하는 바가 적지 않다. 그러나 현대적 의미라는 것은 지속적으로 현대성만을 강조하는 데 있는 것이 아니라 현대적 의미의 발굴과 함께 원작이 갖고 있는 의미에 대한 천착이 병행될 때 그 가치가 빛나기 마련이다. 한편의 가치만을 강조하는 것은 민족문화 발전의 한 축을 잃어버린 것에 다름 아니다.

전통문화의 수용 태도에 있어 남북한은 분명한 인식 차이를 보여준다. 북한에서는 발전적 역사인식에 따라서 아무리 훌륭한 전통문화라도 시대적 상황으로 인한 한계가 있다고 평가 한다. 전통문화가 오늘날 인들에게 의미를 갖기 위해서는 민족문화의 우수한 점을 선별적으로 수용하여 사회주의 발전에 맞춘 현대적 수용을 강조한다.

전시판매 중인 개량악기들

지난날의 문학작품에 봉건적이며 자본주의적 요소가 있다고 하여 그것을 덮어놓고 다 빼버린다면 우리의 역사는 남을 것이란 하나도 없을 것이며, 인민은 과거 아무것도 창조해 놓은 것이 없는 민족이 된다. 과거가 없는 현재가 있을 수 없고, 계승이 없는 혁신을 생각할 수 없듯이 사회주의 민족문학예술은 결코 빈터 위에서 생겨나지 않는다. 사회주의 민족문학예술은 지난

나무꾼과 선녀 이야기를 소재로 한 조각상

날의 문학예술 가운데서 낡고 반동적인 것을 버리고 진보적이며 인민적인 것을 시대의 요구와 계급적 성격에 맞게 계승발전시키는 토대 위에서 건설하고 발전시켜 나갈 수 있다. 이것은 사회주의 민족발전의 합법칙적 과정이다. 민족문화유산을 평가할 때 개별적 일꾼들의 자기의 주관적인 판단에 따라 하지 말고 해당 부문 일군들이 집체적으로 모여 그 유산이 만들어진 시대와 사회역사발전 환경, 혁명의 요구를 연구한 기초 위에서 신중하게 해야 한다. …선조들이 이룩해 놓은 민족문화유산을 그저 허무주의적으로 대할 것이 아니라 귀중히 여길 줄 알아야 한다.[19]

북한이 문화에서 주체성을 강조하는 것은 예술의 본질을 견지하면서 민족적 특성을 지키는 것으로 본다. 그러나 여기서도 문제는 있다. 우수한 민족문화의 기준이 있어야 한다.

우수한 작품으로 평가되는 우선적 기준은 계급성에 관한 것이다. 민족문화 가운데서 계급적으로 피지배계층의 문화가 우선적인 평가를 받는다. 민족문화의 전승에서 가장 크게 문제 삼는 부분은 계급성이다. 설화를 바탕으로 한 소설이나 세태풍자성이 강한 탈놀이, 민요 등이 그 대상이 된다. 다음으로는 비판적 애국사상을 담은 작품이다. 애국주의는 우리 민족의 민족적 성격을 규정하는 중요한 특징 가운데 하나이다.[20]

다음으로 강조되는 것이 우리 말과 우리 글이다. 말과 글은 민족적 정서가 가장 두드러지

---

[19] 김정일, 「민족문화유산을 옳은 관점과 립장을 가지고 바로 평가 처리할데 대하여-조선노동당 중앙위원회 선전선동부 일군들과 한 담화」, 1970년 3월 4일.
[20] 리창유, 「우리 식 문학건설에서 고전문학이 노는 중요한 역할」, 『조선고전문학연구Ⅰ』 (박헌균 편집, 문학예술종합출판사, 1993), pp. 6-12 참조.

게 나타난 징표로 인식한다. 우리의 전통적 우수한 민족 문화유산 가운데 상당 수가 한자로 기록되어 있기에 <춘향전>, <심청전>과 같이 우리 말로 된 문학작품이나 민요 등이 좋은 평가를 받는다. 상대적으로 창작 배경과 활동무대, 등장인물이 중국으로 되어 있는 작품은 비판한다. 중국을 배경으로 한 작품으로는 민족적 정서나 특성이 잘 드러나지 않는다고 보기 때문이다.

남성군무 〈씨름춤〉

반면 유교나 불교 등 종교적 색채가 강한 작품이나 민속적인 요소가 강한 작품에 대해서는 높은 평가를 내리지 않는다. 또한 그렇고 그런 시작과 그렇고 그런 결말로 끝나는 작품에 대해서도 비판한다. 많은 고전 작품의 결말에서 주인공은 행복한 인생을 마치는 것으로 되어 있는데, 이러한 구조는 사실주의적이지 못한, 당대사회의 현실을 제대로 반영하지 못한 중세기적 사고를 되풀이한 개성적이지 못한 작품이라는 것이다. 결말이 행복하게 끝나는 것은 미래에 대한 낙관적이고 긍정적인 사고를 심어주지만 그것이 기계적이거나 도식적으로 되어서는 안 된다고 보기 때문이다.

훌륭한 작품일수록 창작 당시 인민들의 지향과 요구 그리고 그 시대적 조건을 문학적으로 잘 반영하여야 한다는 것이다. 미래에 대한 낙관을 제시하되, 그것이 인민의 힘으로 만들어 나가는 세계를 그려야 한다는 것이다. 이 원칙 때문에 고전을 현대화한 작품의 결말에는 반드시 인민과 지도자가 한 몸이 되어 문제를 해결하는 것으로 설명되어 있다.

조선화 〈봉산탈춤〉   예술영화 〈청자의 넋〉

제2부

북한 대중문화와의 만남

제2부 '북한 대중문화와의 만남'은 그동안 방송사로부터 받았던 인터뷰 질문지를 중심으로 질문을 줄이고 답변을 단 것이다. 북한문화를 전공한다는 이유로 가끔 인터뷰 요청을 받는데 주로 북한 대중문화와 관련된 것이다. 인터뷰 질문지를 표제로 삼을 수 있는 것은 질문지를 구성하는 작가나 PD의 고민이 반영되어 있기 때문이다. 북한과 관련한 프로의 시청률이 그리 높지 않기에 어떤 프로이든 좀 재미있게 접근해야겠다는 것이 공통된 관심사였다. 일반인들의 관심사도 비슷하다고 생각하였다. 조금이나마 북한문화를 이해하는 바탕이 되었으면 한다.

 정치와 예술

Q 001 우리가 북한 문화라고 말은 하지만 실제로 북한과 문화는 동떨어진 나라 같은데, 북한에도 문화라고 할 만한 것이 있는가?

A 없다고 할 수도 있고, 있다고 할 수도 있다. 너무도 당연한 이야기지만 북한 문화예술을 이해하기 위해서는 먼저 북한을 이해해야 한다. 이점은 흔히 남북한을 이해하는 가장 기본적인 토대면서 쉽게 지나치게 된다. 무엇보다 단일민족으로 수천년 내려온 문화적 공통성에 기대어 분단 이후 반세기 넘게 계속된 정치·사회의 이질성을 다소 소홀히 보려하기 때문이다. 문화예술과 같은 비정치적 분야를 논할 때는 더욱 그렇다. 그러나 분명한 것은 남북한이 다르다는 것을 인식해야한다. 다만 다른 점에 대한 흑백논리 대신 원인과 이유를 살펴보고 특성을 이해하는 것이 북한 문화를 이해하는 출발이 아닌가 싶다.

흔히 일본을 말할 때 '가깝고도 먼 나라'라는 표현을 사용한다. 지리적으로는 가깝지만 심리적으로는 그렇게 가깝게 느껴지지 않는다는 의미이다. 만약 남북한을 이야기한다면 어떤 표현이 적당할까. 아마도 '잘 알고 있는 것 같으면서도 실상은 잘 모르는 나라'라는 표현이 적당할 것이다. 그 만큼

북한을 잘 알고 있는 것 같으면서, 사실은 잘 모르고 있거나 잘못 알고 있는 경우가 적지 않다. 무엇보다 북한에 대한 정보가 매스컴을 통해 경쟁적으로 이루어졌기 때문이다.

방송 언론을 통해 우리는 북한에 대한 많은 것이 알려졌지만 여전히 북한은 혼란스러운 모습으로 남아있다. 한편으로는 만성적인 식량난과 에너지난에 허덕이며 힘겹게 살아가는 북한 인민들의 모습이 떠오르며, 다른 한편으로는 '수령', '독재', '핵과 미사일' '천리마동상'이나 '주체사상탑'의 이미지가 떠오르기도 한다.

북한에서 '우리식'은 북한을 이해하는 핵심 키워드의 하나이다

문화예술의 경우도 마찬가지이다. 북한이라는 경직된 나라에서 과연 문화예술이라는 것이 있을까하는 의문부터 시작한다. 북한은 철저한 통제와 규율 속에서 인민들의 생활은 통제되고 당의 정책에 따라서 살아야 한다. 이러한 북한에서 문화예술 활동이라는 것이 어떤 의미가 있을까 하는 점은 여전히 많은 사람들에게 의문의 대상이 된다.

북한을 이해하는 핵심적인 키워드 가운데 하나가 바로 '우리(북한)식'이다. 정치체제나 이념적인 문제뿐만 아니라 문화예술, 사회생활을 이해하는 '우리식'은 북한체제의 특수성을 이해할 수 있는 절대적인 키워드다.

예를 들어 흔히 받는 질문 가운데 하나가 북한에는 '창작의 자유가 있는가' 혹은 '종교의 자유가 있는가'라는 것이다. 대답이 어려운 이유는 질문자의 대부분이 있다, 혹은 없다는 어느 하나의 대답을 기대하기 때문이다. 결론부터 말한다면 '북한식'으로 존재한다는 것이다.

북한에도 창작의 자유는 있다. 창작의 자유가 없다면 수많은 시나 소설, 연극, 영화와 같은 작품이 어떻게 만들어 졌겠는가. 그러나 북한에서 말하는 창작의 자유는 소재의 선택과 표현의 자유라는 우리의 개념과는 거리가 있다.

북한에서 말하는 창작의 자유는 당에서 제시한 방침에 어긋나지 않는 작품을 창작할 수 있는 자유이다. 즉 당의 방침에 맞는 소재를 선택하여 시를 쓰든, 소설을 쓰든 장르에 상관없이 한 편이든 열 편이든 얼마든지 창작할 수 있는 자유를 의미한다.

조선화 〈건설장에서〉

천리마 운동을 독려하는 선전화

Q 002 북한에서는 예술 창작의 자유가 제한되어 있지 않은가. 그렇다면 문화로서 의미가 없는 것 아닌가?

A 북한 문화를 평가하는 여러 기준 가운데 하나가 바로 소재의 다양성이다. 얼마나 많은 소재를 가지고 영화를 만들었느냐는 바로 남북의 문화적 우월감을 상징하는 징표가 되기도 한다. 그러나 이것은 상대적인 문제이다.

문화는 그 문화를 생성하는 사회적 토대를 크게 빗나가지 않는다. 문화가 지향하는 원심력이 커지면 사회의 통제력이 강해지기에 사회적 윤리와 잣대의 구심력이 작동한다. 그래서 동서고금을 막론하고 시대를 넘어서는 문화이거나 시대를 초월하는 문화가 생성되기는 쉽지 않다.

중세에는 '두 사람은 밤새 같이 있었다'는 한 구절로 금서가 되기도 하였고, 유신시절에는 노랫말이 퇴폐적인 이유로 여러 대중가요가 금지곡이 되었다. 퇴폐, 선정 등의 규율기준은 지금도 여전하다. 적어도 최소한 그 정도의 기준은 있어야 사회가 통제된다고 생각한다.

그렇다면 우리 문화는 얼마나 다양한 이야기를 담아내고 있는가? 역사물을 제외하고 최근 영화나 드라마를 살펴보자. 대충 인간적인 삶이 중요하다는 휴먼드라마나 영화를 제외하고는 부와 명예, 불륜이나 마약 등의 고리에서 벗어나는 작품은 없다. 이류 작품을 이야기하는 것이 아니다. 대한민국영화제나 대종상영화제에

서 수상한 작품을 보아도 그렇다.

우리는 문화적으로 굉장히 다양하다고 생각하지만 실상은 그렇지 못하다. 이 드라마 내용이나 저 영화의 내용이나 주제 면에서는 큰 차이가 없다. 문화의 대중성 때문이다. 영화 제작의 가장 우선적 요소 가운데 하나가 흥행성이요, 드라마 평가의 중요한 평가 기준의 하나가 시청률이다. 광고에서 가장 중요한 것이 클라이언트의 요구이듯이 자본주의 문화시장에서 가장 중요한 자본의 영향력이 작동하고 있다. 재미가 없으면 사람들이 잘 보려하지 않기에 재미를 좇기 위해 자극이라는 양념을 첨가한다. '재미있다'는 이유를 제외하고 식구들에게 권할만한 영화가 있다면 어떤 영화가 있으며, 몇 편이나 되겠는가? 북한에서는 사회에 의해 창작이 강제된다면, 남한에서는 자본에 의해 창작이 규제된다.

그렇다고 해서 남한 문화가 북한보다 다양하지 않다는 것은 아니다. 남한 문화가 한층 다양한 것이 사실이다. 남한 문화가 다양한 이유는 사적 문화가 있기 때문이다. 국가에서 문화에 대해 간여하는 것은 독재정권 시절에는 가능하였다. 국민들이 보아야 할 것을 국가에서 간섭하고, 좋은 것을 골라서 보게 하고, 듣게 하였다. 금지곡이라는 것이 있었고, 검열이 있었다. 그러나 민주화된 시대의 문화는 자율성이 높아졌다. 국가의 개입은 최소한으로 자제된다. 홍대 앞 클럽문화에 대해 국가에서 재단하지 못한다. 사적 차원의 문화이기 때문이다. 물론 사회적으로 물의를 일으킬 정도가 되면 당연히 국가의 통제 시스템이 작동하겠지만 말이다. 문화의 공공적 기능이 아닌 소수를 위한 문화가 존재한다는 것이 문화적 차이로 나타난 것이다.

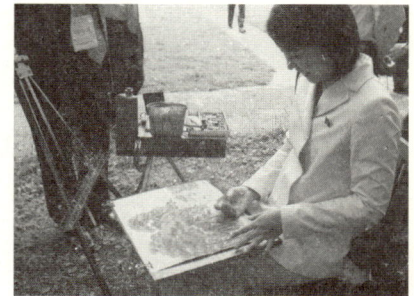

예술의 자율성과 이념의 문제는 보는 각도에 따라 달리 해석된다.

Q 003 북한하면 군사 퍼레이드와 구호 같은 것들만 떠오르는데, 북한에도 대중문화가 있는가?

여군을 형상한 조각동상

A 없다. 북한에는 대중적인 문화라면 몰라도 대중문화는 없다. 대중문화라고 할 때 대중은 두 가지로 구분하여 이해할 필요가 있다. 대중을 매스(mass)의 개념으로 이해할 것인가, 아니면 포퓰러(popular)의 개념으로 이해하는 것은 다르다. 즉 매스 컬처(mass culture)나 포퓰러 컬처(popular culture)는 '다수의 사람들이 즐긴다'는 의미가 있지만 매스 컬처는 대중을 소비로 생각하고 접근하는 대중문화 산업이 있고, 포퓰러 컬처는 여러 사람이 좋아하는 문화라는 의미의 차이가 있다. 따라서 매스 컬처로서 대중문화는 종종 선정성과 폭력성 등의 문제를 야기하는 부정적인 의미가 포함되어 있는 반면, 포퓰러 컬처는 '국민 가요'와 같은 전통적인 측면이나 폭넓은 호감을 얻는 문화를 의미한다.

북한은 모든 방송과 언론이 국가에 의해 운영되는 체제이고, 방송이나 언론이 이익을 목적으로 하지도 않기에 상업적인 문화가 공식적으로는 존재하지 않는다. 물론 비공식적으로 유통되거나 음성적으로 유통되는 지를 확인할 수는 없지만 말이다.

그러나 다수 인민을 위한 문화, 인민을 지향하는 문화적 특성은 있다. 이것을 인민성이라고 한다. 인민성이란 사회주의 문학예술은 공산주의를 완성하는 데 이해관계를 가진 인민대중의 이익을 반영하고 인민들에게 복무해야 한다는 원칙이다. 인민의 입장에서 인민의 이해관계에 따라 인민의 해방과 행복한 미래의 건설에 복무하는 것을 뜻한다. 이를 위하여 문학예술 작품은 인민의 이해관계를 객관적으로 반영하여야 하며 인민대중이 알 수 있는 형식과 내용에 인민이 소망하는 바를 담아야 한다는 것이다.

예술 선전대 활동을 그린 조선화

Q 004 그렇다면 인민들을 위한 문화, 혹은 인민을 지향하는 문화라는 것이 어떤 것이 있는가? 북한 방송은 전혀 인민적이지 않은 것 같아 보이는데, 영화도 순 전쟁영화뿐이고, 방송에서도 입만 열었다하면 '경애하는'으로 시작해서 정치이야기만 하고, 재미라고는 눈꼽만큼도 없어 보이던데…

A 조금 낯설겠지만 북한 문화 전체가 인민을 위한 문화, 인민을 지향하는 문화로 보아야 한다. 재미에 대한 차이가 있다. 사실 재미나 흥미라는 것을 이해하기 위해서는 문화적 배경을 이해해야 한다. 문화적 이해가 없다면 재미의 차이도 다를 것이고 내용도 다르다.

설날 화환이 놓인 그림비, 수령과 인민의 관계는 하나의 생명으로 연결된 운명공동체이다.

1970년대 코미디 프로를 보면 어떤 느낌이 드는가? 혹은 드라마여도 좋다. 물론 예전이나 지금이나 다시 보아도 재미있는 프로는 있다. 그러나 아무리 재미있는 프로도 다시 방영될 때는 각색을 거친다. 시대적 흐름과 변화된 사회관계에 맞추어 인물이나 갈등을 새로 구성한다.

같은 시대를 견주어보아도 그렇다. 미국의 코미디 프로와 일본의 코미디 프로, 이탈리아 코미디 프로를 동시에 재미있어 하기는 어렵다.

재미있다는 것은 상대적이며 문화적이기 때문이다. 재미라는 것은 기본적으로 현재성을 동반한다. 재미를 재미로 받아들이기 위해서는 시대와 정서라는 교집합의 영역이 있어야 한다. 북한 문화를 보면서 재미가 없다면 문화적 연계성 가운데 웃음의 고리가 끊어졌다는 것을 의미한다.

개인적으로는 북한 문화를 바라볼 때 너무 동질성에 의존하지 않는 것이 오히려 북한 문화를 잘 이해하는 방법이라고 생각한다. 너무들 같다는 생각으로 접근하다가 다른 것을 보고는 '정말 다르구나'하는 경우가 종종 있다.

예술영화 〈가야금에 깃든 이야기〉

이보다는 북한 문화를 우리 같은 문화로 보지 말고 그냥 북한의 문화로 보고, '아! 북한 문화는 이런 것이구나'하는 생각을 가졌으면 좋겠다. 그리하여 서로가 이해할 수 있는 부분을 찾아내는 것이 북한 문화를 이해하는데 중요할 뿐만 아니라 다른 문화를 이해하는 방법이라고 생각한다.

자본주의 체제 속에서 문화는 자본에 물들고 사회주의 체제 속에서 예술은 사회주의에 몰입한다. 사회주의 예술은 사회를 지향한다. 물론 자본주의 예술도 사회를 지향한다. 예술이 사회를 지향하는 이유는 사회 속에서 의미를 갖기 때문이다. 다만 사회를 어떻게 바라보는가에 따라서 예술의 기능과 역할에 대한 평가에서 차이가 난다. 북한에서는 사회의 주인을 인민대중이라고 보고 인민을 위한 예술을 지향하기에 항상 사회적인 문제들을 주제로 선정된다.

Q 005 남북의 문화는 완전히 다르므로 별개의 문화로 보아야 한다는 것처럼 들린다. 실제 북한 문화는 남한 문화와 전혀 다른 문화라고 하는 사람도 많다. 그 점에 대해서는 어떻게 생각하는가?

A 어떤 문화를 비교하던 두 문화 사이에는 일정 부분 공유하는 부분과 차별되는 부분이 있다. <신데렐라>와 <콩쥐팥쥐>의 이야기는 어떤가? 또 뒤돌아 보지 말라는 말을 지키지 못해 돌이 된 그리스 로마 신화의 '오르페우스' 이야기나 장자못 전설의 며느리 이야기는 어떤가? 두 이야기는 전혀 다른 문화적 배경이지만 이야기의 구조는 금기 사항을 지키지 않아 돌이 되었다는 공통적인 구조를 갖고 있다.

명절을 소재로 한 금속공예작품

남북 문화를 바라보는 관점도 그렇다. 어떻게 무 자르듯이 잘라서 같다 혹은 다르다를 이야기할 수 있겠는가? 같다 다르다는 것은 순전히 기준의 문제이다. 같고 다름은 기준을 어떻게 적용하느냐에 따라서 달라진다.

중요한 것은 같고 다름을 어떤 기준으로 평가할 것이며, 또 어느 방향을 지향하는가 하는 점이다. 개인적으로 통일이라는 것은 하나의 가치가 되어야 한다는 것이 아니라 서로 통할 수 있는 소통의 장을 만들어 가는 것이라고 생각한다. 남북의 문화가 같아야 하고, 하나가 되어야 할 이유는 없다.

자두가 부른 <김밥>이라는 노래가 있다.

> 몇십년 동안 서로 달리 살아온
> 우리 달라도 한참 달라
> 너무 피곤해
> 영화도 나는 멜로 너는 Action
> 난 피자 너는 순두부
> 그래도 우린 하나 통한 게 있어
> 김밥 김밥을 좋아하잖아

<김밥>의 노래 가사처럼 남북이 다른 것은 당연하지만 그래도 통하는 것을 찾아보는 비슷한 것을 찾을 수 있지 않을까. 앞에서 언급하였듯이 같고 다름의 문제는 마음의 기준을 어떻게 정하느냐에 따라 달라진다.

Q 006 남한의 영화나 드라마를 북한 주민들이 보게 된다면 재미있어 할 것 같은데?

A 문화는 자기에게 가장 친숙하거나 비슷한 것부터 거부감 없이 이해된다. 헐리우드 영화에 익숙해지면 프랑스나 이탈리아 영화가 영 낯설어 보인다. 말도 다르고 정서도 다르기 때문이다. 이 점은 남북 사이의 문화교류가 없다면 남북 사이에서도 정서적 접점을 찾아내기가 힘들어 진다는 것을 시사하기도 한다.

최근 한국의 영화나 드라마가 중국과 동남에서 큰 인기를 모으면서 한류 바람이 불고 있다. 여러 원인이 있겠지만 일단 중국이나 동남에서 통용될 수 있는 보편적 가치로서 가족에 대한 정서적 공감대가 형성된 것도 한 이유가 될 것이다.

북한도 민족적인 정서를 유지하고 있는 만큼 남한의 일부 드라마는 인기를 모을 것으로 보인다. 실제, 장마당에서 〈가을동화〉나 〈겨울연가〉 등의 CD가 불법적으로 거래된다고 한다.

북한의 대표적인 예술영화 〈도라지꽃〉

반대로 보면 북한의 일부 드라마는 남한에서도 인기를 모을 수 있는 것들이 있다. 이처럼 통할 수 있는 작품들, 예컨대 가족을 소재로 하거나 멜로적인 유형의 작품들처럼 남북이 같이 좋아할만한 것들이 있다.

그러나 남북은 문화적으로 상당한 심리적인 거리가 있다. 남북 문화가 적지 않은 거리를 두고 있다는 말이다. 최근 방영된 <사육신>이 5%이내의 낮은 시청률을 보인 것도 남북 문화의 낯설음 때문이다. 남북 문화가 달라진 것은 남북의 문화는 서로 다른 개념과 발전경로를 갖고 있기 때문이다. 우리에게서 북한 문화가 멀어 보인다면 북한 주민의 눈에는 남한 문화가 멀어 보일 것이다.

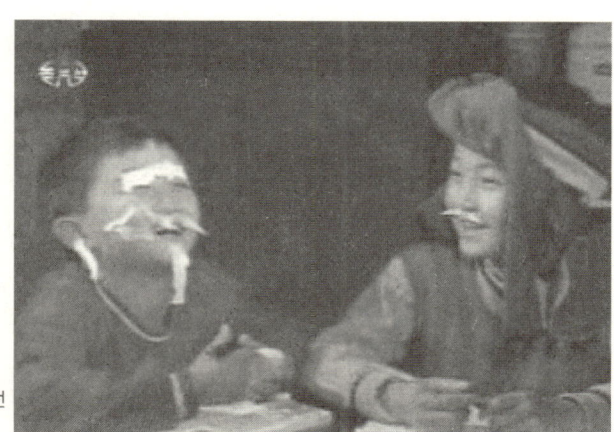

소학교 개구쟁이들의 일상을 그린 텔레비전 드라마 <2학년들>

Q 007 그래도 남북 문화가 차이가 있는 것은 사실이 아닌가. 남북 문화가 차이가 지게 된 원인은 무엇인가?

A 남북은 정치적 체제의 차이 속에서 반세기 이상의 시간을 교류 없이 지냈다. 이런 두 문화가 차이를 보이는 것은 당연한 것이다. 남북 양쪽의 사회가 통체로 꽁꽁 얼려졌다가 거대한 타임캡슐 안에 있었다면 모를까. 그렇지 않은 이상 수십년의 세월을 소통이나 교류 없이 같은 문화적 속성을 유지한다는 것 자체가 불가능 하다.

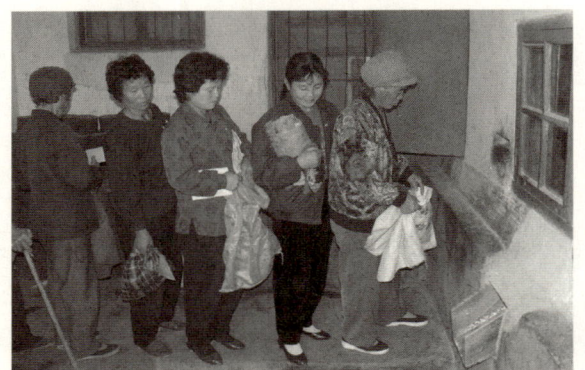
배급을 기다리는 북한 주민들

문화는 기본적으로 변한다. '세상에서 모든 것이 변한다. 다만 변한다는 법칙만큼은 변하지 않는다'는 말도 있지 않는가. 여기에정치적 체제의 차이 역시 문화적 가치관의 차이를 드러내는데 중요한 요인이다. 남북문화의 차이도 인민을 보는 정치 체제의 차이 때문에 발생한 정치적 측면이 크다.

인민을 보는 시각이 다르다는 것은 무슨 뜻인가? 각각 자신의 눈으로 본다는 뜻이다. 자본주의는 자본의 눈으로 사람을 보고, 사회주의는 사회의 시각으로 사람을 본다. 자본주의 체제에서는 자본의 눈으로 사람이나 사물을 본다. 영업을 하는 사람들 눈에는 다른 사람이 고객으로 보인다. 학원을 하는 사람에게 학생은 한 명당 얼마라는 돈으로 보일 것이고, 극장에서는 관객은 문화를 즐기는 사람들이기보다는 돈을 내는 사람으로 중요하다.

이것은 사람의 개별적인 인성의 좋고 나쁨의 문제가 아니다. 자본주의 체제의 기본 작동 원리이다. 내가 필요한 것을 구매하고 경제적인 대가를 지불한다. 그래서 자본주의는 야박하지만 솔직하다. 자본주의 체제에서 잘사는 사람들은 자신이 일한 대가를 가장 효과적으로 환산할 줄 아는 사람들이다. 합법적인 범위 안에서 최소의 노력과 비용을 투자하여 최대의 이익을 얻는 것은 자본주의 체제의 미덕이다. 가끔 지불해야 할 대가를 필요 이상으로 지불하거나 받아야 할 대가를 잘 받지 못하는 사람들이 있다. 자본주의가 낯설고 공동체적인 삶이 마음 편안한 사람들이다.

사회주의 체제 안에서는 사회의 눈으로 사람을 본다. 사회의 관점으로 보기에 현재의 사회가 어떤 사회이고, 어디를 지향해 나가야 하는 지를 파악하는 것이 중요하다. 그리고 그 삶의 방향대로 인민을 이끌어 나간다. 사회주의 체제 안에서 잘사는 사람은 개인보다는 사회조직에 잘 적응하는 사람이다. 모든 사람이 그렇다는 것은 아니다. 사회주의 체제 안에도 공동체적 삶보다는 개인적인 삶을 선호하는 사람이 있고, 자본주의적 삶에 적합한 눈썰미가 있고 수완이 뛰어난 사람들도 있을 것이다.

혁명을 소재로 한 무용

Q 008 김정일 위원장에 대해서 궁금한 것이 많다. 알려진 바로는 김정일 위원장은 영화를 굉장히 좋아하고, 또 소장하고 있는 영화 필름만 해도 수 만개라고 하는데, 사실인가?

A 북한을 잘 모르는 사람도 김정일 국방위원장이 영화에 대해 관심이 높다는 사실은 알고 있다. 김정일 국방위원장은 영화 시나리오를 직접 쓰기도 하였고, 1973년에 연출, 촬영, 배우, 영화 음악, 영화 미술 등 영화 전반에 관한 이론서인 『영화 예술론』을 펴낸바 있다.

김정일 위원장의 문화예술분야 혁명사적을 기념하는 문화성혁명사적관

현지지도 가운데서도 영화 제작과 관련한 것이 많이 있는 것으로 보아 영화에 대한 관심이 매우 높다는 것을 알 수 있다. 북한의 영화제작소인 조선예술영화촬영소에 가면 입구 왼편으로 흰색 바탕에 북한의 주요 문화예술 작품 벽화가 그려진 건물이 보인다. 이 건물이 문화성혁명사적관이다. 문화성혁명사적관은 혁명사업과 관련한 역사적 자료를 보관전시하는 곳이다.

문화성혁명사적관은 문화 분야의 현지지도와 관련한 기록이 보존되어 있다. 문화분야의 혁명사적관이 조선영화촬영소에 있다는 것은 그만큼 북한 문화에서 영화의 비중이 높다는 것을 의미한다. 문화성혁명사적관에는 영화제작과 관련한 현지 지도 자료들이 보관되어 있다.

영화문헌고에는 1만 5천편이 넘는 세계 각국의 영화가 보관돼 있다. 이중 남한 영화는 약 300편 정도 있는 것으로 알려져 있다. 보관 중인 영화 가운데에는 남한에서도 구하기 힘든 1950~60년대의 <빨간 마후라>, <꿈>, <내시> 등의 작품도 있다.

김정일 위원장의 문화예술분야 혁명사적을 기념하는 문화성혁명사적관

Q 009 정치인들이 예술적인 조예가 깊다는 것은 일반인들에게는 인간적 매력을 느끼게 하는 요소가 되는 것 같다. 유명정치인들이 피아노를 멋지게 연주한다던가 색소폰을 연주하는 것을 보면 그리 틀린 말도 아닌 것 같다. 예전에 일본 고이즈미 총리가 피아노 연주하는 것을 보면서, '저런 면도 있었나' 하는 생각이 들었다. 김정일 국방위원장이 예술에 관심을 갖는 이유도 이런 대중적 호감 때문인가? 아니라면 다른 이유라도 있는가?

A 김정일 국방위원장은 왜 영화를 좋아할까? 단순히 개인적인 취향이라고 할 수도 있겠지만 사회적 환경도 무시할 수 없을 것이다.

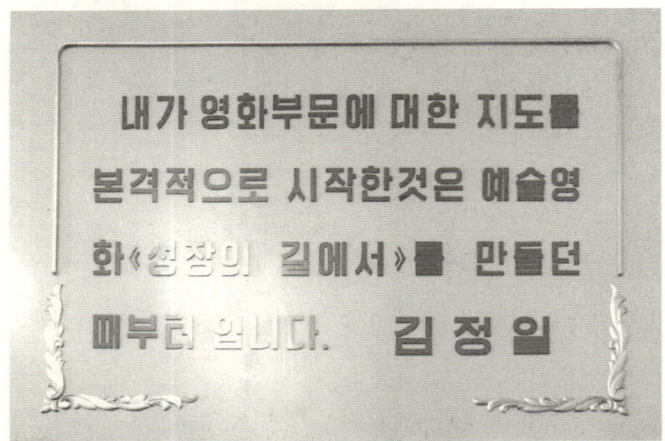

김정일 위원장의 영화제작 현지지도를 형상한 말씀판

영화는 북한과 같은 사회에서 최고지도자로서 선택할 수 있는 몇 가지 안되는 취미중의 하나라는 것이다.

김정일 국방위원장은 최고지도자의 아들로서 일찍부터 남다른 환경 속에서 생활하였을 것이 분명하다. 사생활이 철저히 보호되는 한편으로 개인적 활동은 제약을 받을 수

밖에 없다. 이런 상황에서 선택할 수 있는 취미활동의 폭은 제한되었을 것이다. 승마나 자동차에도 관심을 가졌다는 이야기도 있었다. 취미로서 승마나 자동차에 대한 취향은 인민들의 정서와도 맞지 않고, 외부에 드러나기도 쉽지 않다.

김정일 국방위원장의 소련 방문시 4박 5일 동안 동행 취재한 헀던 러시아의 기자 올가 말리체바의 『김정일과 왈츠』에 의하면 김정일 국방위원장은 세련된 매너와 폭넓은 교양을 갖춘 인물이다. 이런 김정일 국방위원장이 대외적으로 노출이 많고, 인긴생활과는 거리가 있는 승마나 자동차를 취미로 삼는 것은 쉽지 않을 것이다.

영화 <마지막 황제>에서 마지막 황제 푸이는 정원사로 나오는데, 정원에 대해 특별히 관심이 많아서가 아니었다. 할 수 있는 일이 정원을 가꾸는 일외에는 별로 없었다. 황제의 권위는 대단하여서 걸어서 움직이는 일이 거의 없었다. 다만 후원을 거니는 일은 황제가 직접 할 수 있었던 몇 안 되는 일 가운데 하나였다. 화초를 가꾸는 일을 취미로 할 수 있었던 것도 이 때문이었다. 김정일 국방위원장으로서는 많은 사람들의 생활과는 거리를 두어야 하는 입장에서 영화는 싫증나지 않고 즐길 수 있는 취미생활로 적합하였을 것이다.

다른 하나는 영화의 매체적인 특성이다. 사람은 정보의 70% 이상을 시청각을 통해 얻는다. 영화는 시청각의 복합적인 매체로서 어느 장르보다 강한 집중력과 호소력을 발휘한다. 따라서 대중들을 대상으로 한 선전에서 더없이 유리한 장점이 있다.

또한 영화는 한 편이 만들어 지면 복사를 통해 여러 개의 필름으로 제작되어 동시에 보여질 수 있다. 지금이야 영화관이 초현대적 시설을 갖추고 있지만 영화는 영사기와 영사막만 있으면 어느 곳이던지 상영이 가능하다.

강원도 시골에서 자란 나에게도 비슷한 기억이 있다. 어린 시절 동네 학교에서 가끔 영사기를 걸어 놓고 동네 사람들에게 무료로 영화를 보여 주었다. 학교앞 운동장 옆에 영사막을 걸어 놓고 보았던 영화의 내용이 무엇인지 기억은 없지만 아무튼 동네 사람들은 다 모였던 것 같았다. 광복직후 문화 인프라가 충분히 구축되기 이전 영화는 이동상영이 가능하고, 반복적으로 활용할 수 있다는 점에서 인민들을 교양하고 선동하는 데 유용한 매체였음이 틀림없었을 것이다.

김정일 위원장의 영화제작 현지지도를 형상한 벽화

Q 010 일반적 예술은 정치와는 별개의 것으로 이해하지 않는가. 김정일 국방위원장이 예술에 대해 관심을 갖는 것인가? 예술은 정치 권력 구조와는 어떤 관계가 있는가?

A 김정일이 최고사령관으로 취임하기 전까지 전체 현지지도 가운데 문화예술과 관련한 것이 전체저술의 약 75%를 차지할 만큼 문화예술에 대한 관심이 높았다. 이러한 관심은 단순히 예술적 취향으로만 분석할 수 없다.

북한에서 예술은 장르적 성격보다는 매체적 성격이 강하기 때문이다. 쉽게 말하자면 북한에서 예술에 대한 검열은 모든 표현매체에 대한 검열을 의미하므로 사상적인 문제가 동반되기에 예술의 문제는 곧 사상의 문제가 된다는 것이다.

김정일 국방위원장은 예술분야를 장악하면서 유일사상체계를 확고히 한다. 유일사상체계란 북한 역사를 김일성 주석의 항일혁명투쟁만을 정통으로 일색화하는 것이다. 종교의 교리처럼 절대 불변의 가치로 항일혁명투쟁을 유일한 가치로 만드는 것이었다.

유일사상의 체계를 세우고 인민들에게 알리기 위해서는 정규교과 과정이나 연설, 사상학습뿐만 아니라 문학이나 영화, 방송 등이 적극 동원되었다.

1964년 봄 김정일은 김일성종합대학교를 졸업하고 당중앙위원회 비서처 참사실, 내각 수상 참사실 지도원의 수습과정을 거쳐 24세의 나이에 노동당 조직지도부 중앙지도과 중앙기관 담당 책임지도원의 자리에 오른다.

김정일이 주목 받은 것은 김일성의 유일사상체계를 확립하자고 제기했던 1967년 5월에 열린 당중앙위원회 제 4기 15차 전원회의였다. 이 회의에서 김정일은 직속 상관이었던 선전선동부 부장 김도만을 비판하면서 문화예술 부문의 실권자로 등장한다.

　1969년 초 선전선동부장으로 승진하였고, 1970년 초반 항일 빨치산의 투쟁을 소재로 한 혁명가극인 <피바다>, <꽃파는 처녀>, <한 자위단원의 운명>, <밀림아 이야기하라> 등의 제작을 주도하면서 당내 원로들의 신뢰를 얻고 후계자로 입지를 강화한다.

만수대 창작사 전람관

김원균 명칭평양음악대학 사적관

 영화 · 드라마

Q 011 최근 요 몇 년 사이에 우리 영화는 국내 관객의 인기를 모으면서 흥행에 성공하고 있다. 뿐만 아니라 칸영화제나 베를린영화제 등의 해외 유수 영화제에서 좋은 반응을 보이고 있다. 최근의 북한 영화 상황은 어떤가?

A 북한 영화의 전성기는 1970년대 후반부터 1980년대 중반이라고 할 수 있다. 북한에서 영화는 1년에 20~24편의 예술영화를 제작하고 있는 것으로 알려져 있다. 남한에서는 사극 영화도 많이 찍는데, 북한에서 사극은 1990년대 이후 많이 줄어 최근에는 사극 제작은 뜸한 편이다.

한국 영화가 국제사회에서 호평을 받으면서 영화에 대한 인기도 높은데, 북한 영화는 예전만 못하다. 북한에서 영화가 가장 활발하였던 때는 1980년대로 작품 편수도 많고, 주제도 다양하였지만 '고난의 행군' 시기를 지나면서 영화를 제작할 수 있는 환경이 열악해졌다.

'고난의 행군' 시기는 1990년대 중반 북한이 경제적으로 매우 어려웠던 시기이다. 김일성 주석의 사망 이후 잇달은 자연재해와 함께 북한 경제를 지원해 주었던 소련의 경제가 어려워지면서 북한은 상당히 심각한 어려움을 겪었다. 지금 북한 경제가 다소 회복되었다고는 하지만 여전히 경제적 상황이 좋지 않기에 영화제작도 1980년대만 못한 것 같다. 2000년 이후의 영화들은 많은 경우 경제적인 문제를 중심으로 삼아 실리 사회주의에 대한 문제를 다루는 가운데, <피묻은 략패>나 <우리의 향기>와 같은 민족적인 문제를 다룬 작품들이 창작되고 있다.

Q 012 〈왕의 남자〉 이후 〈괴물〉이 흥행 기록을 경신하였다. 화제작품이 나올 때마다 이번에는 관객을 얼마나 동원할 것인가가 관심이 되곤 한다. 남한에서 최다 관객을 동원한 영화가 〈괴물〉이라면, 북한에서 최다 관객을 동원한 영화는 어떤 작품인가?

A 최근 몇 년 사이에 한국 영화는 관객동원에서 새로운 기록을 선보이면서 다시 전성기를 맞고 있다. 영화의 장르도 다양해졌고, 관객들의 평가도 좋다. 물론 많은 관객이 몰린 영화가 반드시 내용이 좋다고 할 수는 없지만 관객이 없는 영화는 상상하기 어렵다.

그렇다면 북한에서 최다 관객을 동원한 영화는 어떤 영화일까. 북한에서 인기 영화를 꼽는 일은 간단하지 않다. 북한에서는 영화관객에 대한 통계가 없을 뿐만 아니라 통계가 있다고 해도 의미가 없기 때문이다.

북한 영화의 경우 의무관람인 경우가 많으며, 작품도 한 편으로 끝나는 것이 아니라 10부, 20부 심지어는 100부까지 시리즈로 제작되는 영화도 있다. 따라서 남한에서의 흥행기준인 관객 수를 가지고 북한 영화를 평가할 수는 없다. 현재까지 북한 영화작품 가운데 가장 많은 관객을 동원한 영화를 꼽자면 아마도 <민족과 운명>, <조선의 별> 시리즈이다. <민족과 운명>은 <조선의 별> 시리즈와 함께 북한을 대표하는 다부작 예술영화로서 조선예술영화촬영소가 제작한 작품이다.

<조선의 별>은 1920년대 중반부터 1930년대까지 김일성 주석과 김일성 주석을 따르는 인물들의 항일무장혁명 투쟁을 찬양하는 내용으로 1980년부터 1987년까지 제작되었다. 북한의

주장에 따르면 <조선의 별> 총 관람객수는 1억 5천만 명이 넘는다. 이는 북한 주민을 2천여 만 명 정도인 점을 감안할 때 한 사람이 7~8회 정도 관람했다는 계산이 나오며, 또 10부작인 점을 고려해 보아도 통계적으로 어린아이를 빼고는 적어도 북한 주민 1명이 10편 가운데 1편 정도는 보았다는 계산이 나온다.

또한 북한의 주장에 따르면 <조선의 별> 시리즈는 연 40여 만 회의 상영기록도 있는데, 이 영화의 후속 시리즈 격인 '민족의 태양'이 본격적으로 나온 1990년까지 10년 동안 상영됐다고 볼 때 매년 4만여 회, 매달 3천여 회, 매일 1백회 상영됐다는 계산이 나온다.21

북한의 대표적인 <조선의 별>

<조선의 별>보다 많은 기획시리즈로 제작된 것인 <민족과 운명>이다. <민족과 운명>은 그 자체가 시리즈이면서 각각의 편은 몇 개의 시리즈로 구성되어 있다. 지난 1991년부터 제작에 들어가 처음 10부작으로 기획되었으나 김정일 국방위원장의 지시로 20부에서 50부로 최근에는 다시 100부를 제작한다고 발표하였다.

북한의 대표적인 다부작예술영화 민족과 운명 <노동계급편>

---

21 '南의 친구, 北의 조선의 별', 「연합뉴스」, 2001년 4월 24일

Q 013 아무래도 북한 영화라고 하면서 무엇인가 특색이 있을 것 같다. 북한 영화가 한국영화나 할리우드 영화와 다른 점이 있다면?

A 북한 영화는 남한 영화나 할리우드 영화와는 차이가 있다. 영상이나 속도감 등에 있어서 차이가 있고, 화면 기법이나 전환에도 차이가 있다. 그러나 이러한 차이를 결정짓는 근본적인 차이는 영화에 대한 기본 인식이다.

우리의 예술이 개인의 창의성에 초점을 둔다면, 사회주의 국가에서는 예술이 가지고 있는 선전선동의 기능에 초점이 맞추어져 있다. 따라서 내용 면에서 차이가 있는 것은 당연한 일이다.

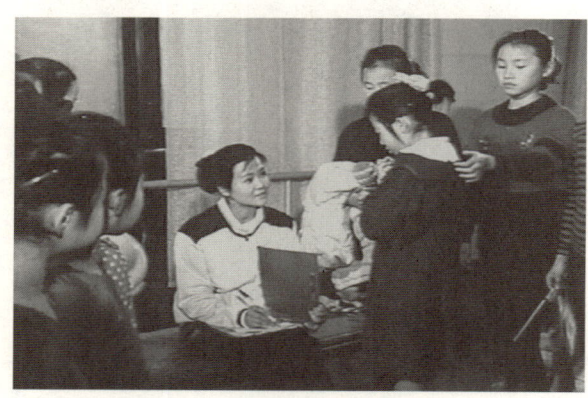
북한 영화나 드라마에서는 집단 생활을 강조한다

이러한 차이는 영화 자체의 차이라기보다는 체제의 차이에서 발생하는 것이다. 북한에서 영화를 제작할 때 기준이 되는 것은 김정일의 『영화 예술론』과 현장에서 행하는 현지지도인데, 이 두 가지는 절대적 기준으로 수용되고 있다.

북한 영화 특징이라면, 줄거리가 뚜렷하고 갈등의 선이 분명하면서 기승

전결의 흐름 구조를 갖고 있다는 것이다. 그리고 긍정적 주인공을 중심으로 이야기가 전개되면서 긍정적으로 끝난다는 점도 북한 영화의 특징이다. 사실 이러한 특성은 영화에만 한정되는 문제가 아니라 북한 문학예술 전반에 걸친 특징들이다.

한 가지 덧붙이자면 북한 영화에는 남녀의 삼각관계가 나타나지 않는다. 북한에서는 "우리 민족은 예로부터 삼각연애를 하는 일이 결코 없었다"고 보기 때문에 이러한 연애관이 허용되지 않는다. 만약 남북한이 합작으로 영화를 제작한다면 이러한 삼각 관계를 내용으로 하는 작품은 공동제작이 어려울 것이다.

또한 종교적인 작품도 없다. 종교나 환상을 부정하고 있어서 북한 영화에서는 우리가 알고 있는 SF판타지 영화는 없다. 북한에서 환상은 환타지가 아니라 과학적 사실을 바탕으로 한 과학 환상을 말한다.

개인보다는 가족이나 조직전체의 이야기를 그리는 북한 영화

북한의 대중문화

Q 014 남한의 영화를 보면 시대별로 유행이라는 것이 있다. 한 때는 조폭 영화가 유행했었고, 또 역사물들이 인기를 모으기도 하였다. 최근에는 다양한 장르의 소재가 영화로 만들어 지는데, 북한에도 이런 문화의 흐름이나 유행하는 영화가 있는가?

북한의 대표적인 구호인 '가는 길 험난해도 웃으며 가자'

A 북한의 영화는 국가의 정책과 관련되어 있다. 그래서 북한 영화의 흐름을 보면 당정책의 방향을 읽을 수 있다. 그것은 기본적으로 영화제작의 주체가 국가이고, 영화의 역할이 인민들을 교양하는 것이기 때문이다.

우리로 말하면 국가홍보처에서 만든 영화로 보면 이해할 수 있을 것이다. 남한에서도 예전에 국가홍보처에서 만들어진 영화는 '전기를 아끼자'거나 '저축을 많이 하자', '바른말 고운 말을 쓰자'는 주제들이었다.

북한 영화도 이런 생활 속의 문제들을 주제로 삼는다. 다만 우리와 달리 북한에서는 정치문제, 사상문제가 생활화 되어 있기에 많은 경우 정치적인 문제, 즉 최고지도자의 영도를 어떻게 따라야 하는가, 인민경제 발전을 위해서 무엇을 해야 하는가 하는 주제를 담고 있다.

2000년 이후 북한 문화계는 정치적인 측면에서는 선군(先軍) 주제가 강조되고 있다. 다른 한편으로 생활과 밀접한 이야기들이 강조되고 있다. 일상생활을 소재로 한 경희극, 노래정치, 드라마에서 생활가요의 확대 등이 그러한 예이다. 문화예술 역시 생활에서 쉽게 접할 수 있는 텔레비전 드라마의 비중이 높아지고 있다. 최근 드라마는 다부작보다는 토막극(단막극)이 많이 방영되고 있다.

2000년 이후 북한의 여러 구호 가운데 '가는 길 험난해도 웃으면서 가자'가 있는데, 이는 북한 문화의 트렌드를 압축적으로 설명하는 말이다. 최근에는 경제적 어려움을 의지로 뚫고 나가자는 내용이 많아졌다.

북한의 대중문화

Q 015 우리는 요즘 연예인들의 위상이 높아져서 아이들의 장래 희망 1위가 연예인이라고 하고, 소위 명문대 출신의 연예인 지망생도 많아졌다고 한다. 북한에서 연예인들은 많은 사랑을 받고 있는가?

A 북한에서도 영화배우는 매우 인기가 높은 직업이다. 예술인에 대한 사회적 존경과 관심도 높고, 그 만큼 대우도 남다르기 때문이다. 인민들에게 인기가 높은 스타가 있지만 이들이 하루 아침에 주목을 받는 경우는 드물다.

대부분의 경우 평양연극영화대학 같은 예술대학이나 도예술학원에서 정규과정을 거쳐 직장으로 배치되어 영화에 출연하게 된다.

영화예술인들은 많지만 영화제작 편수가 많지 않기에 영화에 출연하는 것도 경쟁이 매우 치열하다.

한 단계씩 등급을 높여나가고 일정 기간과 수준에 도달했을 때 명예칭호로 '공훈배우', '인민배우'의 칭호를 받는다. 북한 영화는 남한 영화처럼

〈홍길동〉으로 스타가 된 리영호

스타성을 중심으로 하지 않는다. 따라서 뛰어난 미모나 마케팅에 의해 그야말로 무명에서 유명스타가 될 수는 없다.

경우에 따라서는 특별히 재능을 인정받아 비중 있는 작품의 주인공으로 발탁되는 경우도 있다. <홍길동전>으로 일약 스타덤에 오른 리영호 같은 예이다. 리영호는 김일성종합대학교 학생시절 배우로 발탁되어 북한 최초의 액션물인 <홍길동전>의 주인공을 맡으면서 스타가 되었다.

이처럼 갑작스럽게 유명해지는 것은 경우는 창법이나 연기력이 주체문예이론이 요구하는 수준에 맞고 작품 자체의 비중이 높은 경우이다. 인해 유명해지는 경우가 있다.

Q 016 남한에서는 스타가 되는 기준으로 팬클럽이 있다. 〈주몽〉의 모팔모역으로 인기를 모은 이계인 씨가 늦은 나이에 팬클럽이 결성되어 화제가 되기도 하였다. 북한에서도 남한처럼 연예인에 대한 팬클럽이 있는가? 또 팬레터나 선물도 많이 받는가?

A 남한에서 스타는 팬클럽이 결성되어 온라인이나 오프라인으로 활동하고 있다. 일부 스타의 경우 팬클럽뿐만 아니라 안티 팬들의 문제도 있었고, 극성팬들이 고액선물을 마련하기 위해 아르바이트를 하는 문제가 있기도 하였지만 팬과 팬클럽은 당연한 것으로 생각한다.

북한에서는 이러한 팬클럽 활동은 어렵다. 자기가 좋아하는 배우나 가수가 있다면 이들을 좋아하는 팬들이 모일 수 있어야 하는데, 무엇보다 팬클럽이 모여서 활동할 수 있는 공간이 없다. 그리고 개인적인 활동을 할 수 있는 시간도 많지 않다. 북한에서는 모든 생활이 집단적으로 이루어지는데, 개인적인 활동을 할 수 있는 시간이 없다. 또한 팬클럽은 사적 조직인데, 사적인 조직이 만들어 질 수 있는 사회적 환경도 아니다.

다만 좋아하는 배우에 대한 팬레터는 있다. 북한에서는 팬레터를 '공연축하 성과편지'라고 부르는데, 1990년대 들어서 북한의 신세대 인기 스타들에게 '공연축하 성과편지'를 보내기 시작했다고 한다.

Q 017 북한의 대표적인 스타는 누구인가?

A 북한의 예술인들은 인기가 지속되는 경우가 대부분이다. 북한의 대중문화가 대중적 트렌드에 영향 받는 구조가 아니다. 우리로 보면 신세대 스타보다는 국민 배우로 불리는 연예인들처럼 지속적으로 인기를 모으는 경우가 대부분이다. 북한의 대표 스타로는 북한의 3대 배우로 불리는 인민배우 서경섭, 최창수, 김룡린이 있으며, 연기자 겸 가수인 최광호, 현역 최고의 조연배우로 자타가 공인하는 인민배우 황영일, 악역 단골배우인 김영근, 홍길동전의 주역을 맡았던 리영호, 16살의 나이에 영화 <꽃파는 처녀>의 주연으로 발탁되었으며, 1원권 화폐의 도안인물인 홍영희, 조선예술영화촬영소 소속으로 <민족과 운명>에서 서구적 미인상으로 깊은 인상을 남긴 김정화 등이 있다. 김정화는 오미란이나 홍영희와 달리 서구적인 미인상을 보여주었다. <복무의 길>에서 주인공인 여군의관 경심 역을 맡아 인기를 모은 윤수경, 그리고 <민족과 운명> 시리즈 <청년영웅>편에서 여주인공으로 캐스팅된 김련화 등이 있다.

<민족과 운명>, <림꺽정>의 주인공 최창수

인민배우 유원준

북한의 대중스타를 이야기하면서 얼마 전에 사망한 영화배우 오미란을 먼저 꼽지 않을 수 없다. 그 만큼 북한 영화를 대표하는 명배우이면서 인민의 사랑을 받았던 배우이다. 오미란은 <도라지꽃>에 출연하면서 청순하면서도 강인한 여성의 역할로 강한 인상을 남긴 이후 죽기 전까지 인민들 사이에서 '도라지꽃'이라는 별칭이 붙을 정도로 인기가 높았다.

북한 영화계를 대표하는 여배우로는 김경애가 있다. 1973년으로 조선예술영화촬영소 소속 배우인 김경애는 1994년 평양에서 열린 제4차 평양영화축전에서 최우수여자배우상을 수상하였다. 평양영화축전이 시작된 이래로 북한 배우가 최우수여자배우상을 수상한 것은 1987년 제1회 대회에서 오미란 이후 두 번째이다. 김경애와 함께 신세대 트로이카로 불리는 윤수경, 김련화 등도 주목받는 차세대 스타로 떠오르고 있는 배우들이다.

인민배우 오미란

이외 여배우로는 박미향, 김영숙(2명), 류경애, 서신향, 김인애, 주금향, 함영실, 송은희, 안창순, 공봉숙, 조일미, 김혜경, 백영희, 리은경, 박춘옥, 김경애 등이 있다.

남자배우로는 정운모, 유원준, 문용린, 성격파 배우 박기주, 김원일, 리윤수, 조명선, 김학철, 전철호, 김영일, 김 원, 리근호, 서 광, 김 철 등이 있고 가수로는 보천조전자악단의 김광숙, 전혜영, 리분희 등이 인기가 높고, 왕재산경음악단의 조금화가 있다. <아리랑>의 개막곡을 부른 가수 석란희, 석련희 등이 있다.

공훈배우 김영숙

● 북한의 대표적인 스타

〈열네번째 겨울〉의 주인공 홍영희

보천보전자악단 가수 전혜영

보천보전자악단의 리경숙

보천보전자악단의 리분희

보천보 전자악단의 김광숙

보천보전자악단의 조금화

민요가수 조청미

북한의 대중문화

Q 018 남측에 알려지지 않아서 그렇지 알려지면 인기를 얻을 만한 스타나 선수가 있다면 어떤 사람들이 있을는지?

A 남쪽에서 인기가 높을 북한 사람이라면 무엇보다 외모가 뒷받침 되어야 할 것이다. 북한문화의 내용적인 측면을 이해하는 것은 무리가 있다고 보인다. 북한 응원단이 왔을 때 남한에서도 많은 모았던 원인의 하나가 꾸미지 않은 순수한 외모였다. 많은 사람들의 관심을 모으기 위해서는 얼굴이 곱고 화면도 잘 받아야 할 것이다.

그리고 영화에서는 분장도 하고 조명도 받고 해서 실제보다는 많이 예뻐 보이겠지만 북한 배우들이 상대적으로 화장을 덜 한다. 우리도 화장하지 않은 얼굴이라는 '생얼'이라는 말이 있는데, 북한의 배우들은 '생얼짱'에 가깝다.

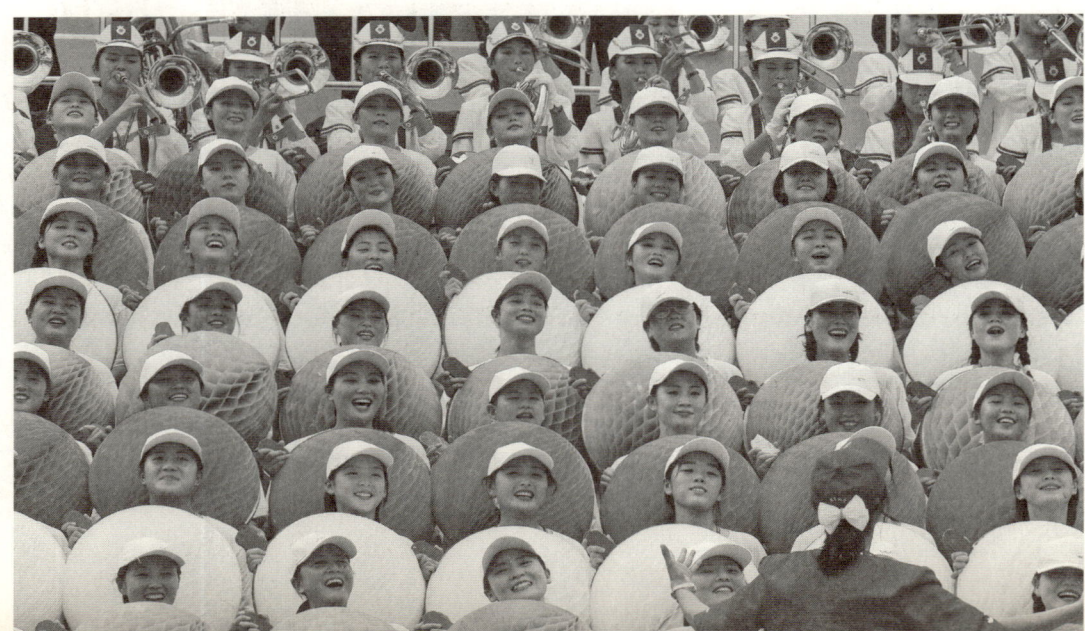

북한에서 인기 있는 스타일은 남한과는 차이가 있다. 소박하면서도 복스러운 얼굴이 많이 인기가 높다. 남한에서는 '참 복스럽다' 화를 내겠지만 북한에서는 너무 마른 계란형보다는 약간 통통한 배우가 인기가 있다.

남한에서 인기를 모을 만한 배우를 꼽는다면 <네거리초병>에서 은숙 역을 맡았던 리설희, <청춘이여>에서 은경 역을 맡았던 황성옥, <우리의 향기>에서 새별 역을 맡았던 김은영, 신세대 배우로는 <자매들>에서 향미 역으로 나왔던 김경애 등이 인기를 얻을 것 같다. 너무 강하지 않으면서도 자신의 생각을 쏟아내는 것이 신세대적인 스타일이 통할 것 같다.

부산아시안게임, 대구유니버시아드, 인천동아시아 대회 등을 통해 남한에서 큰 인기를 모았던 북한 응원단

◐ 북한의 예비스타

Q 019 부산국제영화제나 전주국제영화제 같은 영화제가 있는데 북한어도 이런 영화제가 있는가?

A 북한에도 '평양영화제'라는 영화제가 있다. 1987년부터 2~3년 단위로 비동맹 국가를 중심으로 한 평양영화축전을 개최하고 있다. 영화제의 명칭은 '쁠럭불가담 및 기타 발전도상 나라들의 평양영화축전'으로 줄여서 '평양영화축전'이라고 한다.

제1차 영화축전은 1987년 9월 1일부터 13일까지 열렸는데, 29개국에서 46편의 단편예술영화와 22편의 만화영화(애니메이션영화) 등 총 110편이 출품되었다. 제1차 평양영화축전에서 <도라지꽃>의 오미란은 금연기상을 수상하였으며, 최우수 작품상, 최우수 시나리오 상을 수상하는 등 중요한 상을 휩쓸었다.

지난 1994년과 1996년에는 김일성 주석의 사망 기간임에도 불구하고 영화제가 개최되었으며, 2~3년의 영화제 주기도 거의 격년으로 진행되고 있다. 2006년에 제10차 대회가 열려 <우리의 향기>라는 작품이 특별상을 받았다.

제10회 평양영화제에서 특별상을 수상한 <우리의 향기>

Q 020 남한에서는 대종상이나 청룡영화상 등의 영화시상식이 있는데, 북한에도 이런 영화상이 있는가? 없다면 다른 예술 분야에도 없는가?

A 다만 북한 영화작품 가운데서 우수한 작품에 대해서는 문화예술 분야의 최고 상인 '김일성상, '인민상'을 수여한다. 김일성상이나 인민상을 받은 작품이나 작가에게는 '인민상 계관작품', '인민상계관작가'라는 칭호가 항상 붙어 다닌다. 인민상은 역시 북한 최고의 상훈(賞勳)인 김일성상과 중복되고, 큰 차이가 없어 2000년대에 폐지하고 김일성상으로 통일한 것으로 알려져 있다.

참고로 예술인들의 경우에는 기량을 겨루는 대회가 있다. 예술가들에게 있어서 개인의 기량을 뽐내는 가장 큰 대회는 '2·16예술상 개인경연'이다.

2월 16일은 김일성 주석의 생일과 함께 민족 최고의 명절로 일컬어지는 김정일 국방위원장의 생일(2월 명절)이다. 생일과 관련한 여러 행사 중의 하나로 1990년 1월 김정

기량을 평가받고 있는 음악대학 학생

일 국방위원장이 직접 개최방식과 방법을 지시하였고, 다음해인 1991년부터 문화성 주최로 개최되고 있다.

공연예술인들의 실력을 겨루는 대회로 (민족)성악·기악·무용 분야에서 치루어진다. 대회는 중앙예술단체를 대상으로 한 1조 경연과 지방예술단체를 대상으로 한 2조 경연으로 진행된다. 예선을 통과한 17세 이상의 전문 예술단체의 예술인, 각급 예술학교 교원과 학생, 해외동포예술인을 비롯해 희망에 따라 외국인도 참가할 수 있는 명실상부한 북한 최고의 예술 경연대회이다.

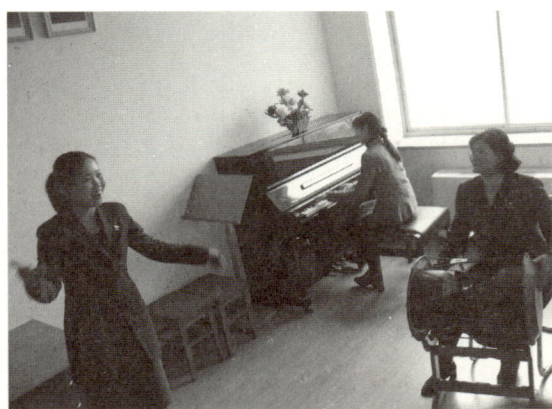
예술분야의 전문교육은 어려서부터 체계적인 교육을 통해 이루어진다.

김원균 명칭 평양음악대학 민족전과 연습실

Q 021 우리 영화는 요즘 지명도 높은 해외 영화제에서 수상하였다는 좋은 소식이 많이 들려온다. 북한 영화는 어떤가? 북한 영화에 대한 해외의 평가는 어떤가?

A 한국 영화가 국제영화계의 호평을 받으면서 작품성과 흥행성을 인정받고 있다. 해외 유명영화제가 열리면 한국 감독의 작품이 주목을 받는다.

그러나 북한 영화의 국제영화제 수상작은 많지 않다. <꽃파는 처녀>가 해외 영화제에서 상을 받았고 <살아 있는 령혼>들이 최근 모스크바 국제 영화제와 홍콩 국제 영화제등에서 호평을 받았다.

예술영화 <꽃파는 처녀>

북한의 영화는 내부적으로 큰 인기를 얻고 있지만 외국과의 교류는 그리 활발하지 않다. 예전에는 조쏘합작(북·러), 조중합작영화도 있었지만 최근 눈에 띠는 작품은 없다. 외국과의 교류는 옛 소련을 중심으로 한 동구권과 이루어졌다.

체코의 카를르바리 영화제나 모스크바 영화제, '타슈켄트영화제'를 비롯하여 구 공산권과 비동맹권 국제영화제에 계속 출품하여 왔다. 해외 영화제에 참가한 북한 영화로는 예술영화 <꽃파는 처녀>가 제18차 까를로븨바리 국제영화축전에서 특별상을 받았고, 신상옥 감독, 최은희 주연의 <소금>(1985년 모스크바 국제영화제 여우주연상 수상) 이외 국제영화제에 거의 참여하지 않고 있다. 1986년 7월에 진행된 제25차 까를로비바리 국제영화축전에서는 <봄날의 눈석이>가 수상하였다.

2001년 6월 제23회 모스크바 영화제에 <살아 있는 령혼들>, <홍길동> 등 5편을 비경쟁 부문에 출품하여 관심을 모았다. 이때 러시아 언론에서 김춘송 감독의 <살아 있는 령혼들>을 높게 평가하면서 제임스 카메론 감독의 '타이타닉'을 연상시킨다고 하여 화제가 되기도 하였다. <살아있는 령혼들>은 또한 같은 해인 2001년에 홍콩 영화제에서도 현지 영화 관계자들의 주목을 받았다.

2001년 모스크바영화제 출품작 <살아 있는 령혼들>   신상옥 감독의 영화 <소금>

Q 022 한국 영화도 〈쉬리〉 이후 〈태극기 휘날리며〉, 〈괴물〉, 〈태풍〉같은 대작영화들이 많이 만들어 졌는데, 북한에서도 이런 블록버스터 작품이 있는가?

A 북한에도 국가적 차원에서 만드는 대작 영화가 있다. 〈살아 있는 령혼들〉 같은 작품이 대표적인 예이다. 북한의 문학예술 작품을 보면서 투자라는 용어가 조금은 생경하다. 예술작품에 대한 창작과 보급, 관리가 국가에 의해 이루어지기 때문에 투자라는 말을 사용하기에는 맞지 않는다. 대기념비나 건축, 조각, 총서류 등이 모두 판매를 목적으로 하는 것이 아니기 때문이다.

영화의 경우도 마찬가지다. 우리의 경우 영화 제작을 위해서는 시나리오를 만들고 투자를 받아 배우, 스텝을 모집하여 촬영하지만 북한의 경우 대본이 완성되고 검열을 통과하면 국가에서 필요한 물자를 배급해 준다. 그럼에도 불구하고 〈살아 있는 령혼들〉은 북한 영화사에서 많은 의미를 가지고 있다. 4천톤급 배와 1만여 명의 엑스트라 동원 되었고, 제작비도 평균 보다 3~4배 많이 들었다. 이제까지 제작된 북한 영화 중에서 제작비가 가장 많이 들어갔고 컴퓨터 그래픽을 본격적으로 이용한 최초의 영화라는 점, 영화문학 창작가(시나리오 작가)들이 폭파의 진실을 밝히기 위한 근거자료 수집에 고심하는 등 고증에도 심혈을 기울였다. 첨단기술도 도입돼 영화에서 반드시 필요한 장면인 우키시마 마루호의 폭파장면은 CG로 제작됐다. 반일 영화이기는 해도 이제까지와는 달리 김일성 주석의 항일 빨치산 투쟁을 소재로 하지 않았다는 점 등으로 북한 영화의 새로운 기원을 열었다는 평가를 받고 있다.

Q 023 남쪽에서는 영화에 대한 관심이 높아지면서 영화판에 뛰어드는 젊은이들도 점점 많아지는 추세인데 북한에서 영화배우가 되려면 어떻게 해야 하는가?

A 남한의 경우 어느 날 갑자기 조명을 받는 연예인들 소위 '깜짝 스타'나 '혜성같이 나타난' 스타들을 볼 수 있지만 북한에서는 이렇게 갑자기 혜성처럼 등장하는 경우는 극히 드물다. 영화계에서 활동하는 대부분의 경우 주로 평양연극영화대학의 정규 과정을 통해 양성된다. 북한의 영화배우는 평양연극영화대학의 배우학부나 각 영화 촬영소 산하 배우 양성반등의 기관을 거쳐 등단한다. 남한에서 방영되어 관심을 모은 「사육신」의 배우들도 조명애를 제외하고는 모두 평양 연극·영화 대학 출신이다.

일반인을 대상으로 하여서는 평양연극영화대학의 교원 연출가등의 심사단이 각 도를 순회하며 직접 선발해 평양 연극 영화 대학에 편입시켜 배우가 되기도 한다. 영화인들은 선망받는 전문 직업으로 인기가 높다보니 평양연극영화대학의 경우 평균 경쟁률은 100대 1을 넘는다.

예외적인 경우도 있다. 우리의 경우에도 운동선수에서 방송인으로 직업을 바꾼 경우나 인터넷을 통해 배우로 데뷔하는 경우가 있기는 하지만 일반적인 경우는 아니다. 비교적 특이한 이력을 가진 배우로는 북한의 인기 배우 오미란이나 현역 북한 최고 인기 스타 리영호, 김연화, 장선희, 홍용희 등이 있다.

오미란의 경우는 원래 무용배우였으나 1980년대 초 <축포가 오른다>에서 주인공 역으로 캐스팅 되면서 영화배우가 되었고, 리영호는 김일성종합대학교 학생시절 영화 <홍길동>에 발탁되면서 스타덤에 올랐다. <살아 있는 령혼들>의 김연화는 철도국 체육단 소속의 농구선수였다가 공개 오디션을 통해 데뷔하여 배우양성소를 졸업하고 배우로 활동하고 있다. <춘향전>의 장선희는 순안공항 접대원이었다가 신상옥 감독에게 발탁되어 배우로 활동하기 시작하였다. 16세에 영화 <꽃파는 처녀>의 주인공으로 지폐도에도 오른 홍영희는 공장선반공으로 일하다가 발탁된 케이스이다. 인민배우 김용린은 탄광 굴진공, 벌목공으로 일하다가 뒤늦게 연극영화대학에 입학하여 배우로 활동고 있다

예술영화 <춘향전>(비디오)

Q24 연극영화대학이란 연예인 양성학교인가?

A 연극영화대학은 정확하게 연예인이라기보다는 연극이나 영화와 관련한 분야의 전문인을 양성하는 대학이다. 북한 예술인들의 요람이기도 한다. 1953년 11월 1일 평양종합예술학교로 시작하였다가 1959년에 평양연극영화대학으로 개편하였다. 이후 영화에 대한 중요성이 높아지면서 1972년에 평양영화대학으로 개편하였다가 1989년에 다시 평양연극영화대학으로 개명하였다.

평양연극영화대학 청소년영화창작단 예술영화 〈도시처녀 시집와요〉

평양연극영화대학에는 체코 등 해외 유학파 출신도 적지 않다. 평양연극영화대학의 학생 수는 500명 안팎이며 학부 4년, 전문부가 3년으로 영화학부, 연극학부, 출판 및 보도학부로 구성돼 있다. 영화학부에는 영화배우과, 영화이론과, 영화녹음과, 텔레비전 연출과, 영화촬영과 등 10여개의 학과가 설치돼 있으며, 연극학부에는 연극배우과와 연극이론과가 설치되어 있고, 출판 및 보도학부는 카메라와 사진학과가 있다.

만경대학생 소년궁전의 예술공연

부설기관으로 영화예술이론연구소와 청소년영화창작단이 있으며, 영화촬영과 편집 등의 후반작업이 가능하도록 영화편집실, 표준영사실, 무대실기장, 방송실기장, 사진촬영장 등 부대시설을 갖추고 있다.

<도시처녀 시집와요>를 비롯하여 <청춘대통로>, <높이 나는 새> 등을 창작한 청소년영화창작단은 1980년대 후반에 설립된 것으로 알려져 있다. 영화와 연극을 전공하는 학생들의 실습교육을 목적으로 창작되었으나 우수한 기량을 인정받으면서 본격적인 영화창작단체로 이름을 얻었다.

영화배우와 같은 예술인들은 등급이 있어 2~3년마다 평가를 받고, 등급심사에서 합격해야 한 등급씩 올라가고 생활비도 많아지고, 출연할 기회도 늘어난다.

공훈배우나 인민배우가 되기 위해서는 수 십년 동안 해당 분야에서 열심히 일을 해야 받을 수 있는 칭호이다. 평범한 시민이었던 사람이 갑자기 광고를 통해서 인기를 누리게 되는 경우는 거의 없다고 봐야 한다.

북한에서 영화 제작은 어떻게 이루어지고 있나?

남한의 경우에는 영화가 문화콘텐츠 사업으로서 유망한 투자 대상이 되기도 한다. 물론 모든 영화가 흥행에 성공하는 것은 아니다. <태풍> 과 같이 엄청난 투자를 하였지만 흥행에서는 성공하지 못한 작품도 있고, <왕의 남자>처럼 투자에 비하여 상대적으로 흥행한 작품도 있다.

남한에서 영화제작자들은 필연적으로 흥행요소를 동원한다. 예컨대 감독의 역량이나 주연배우 캐스팅, 마케팅 전략에 이르기까지 눈에 보이지 않지만 흥행이라는 분명한 목적을 가지고 주변요소들을 결정된다.

그러나 북한에서는 영화제작에 관한한 흥행에 대한 부담은 크게 없다. 오히려 영화의 내용이 당의 정책에 호응하였는지가 중요하다. 영화가 국가 산업이기 때문이다. 북한에서 영화제작은 국가에서 직접 관리한다. 제작뿐만 아

실내촬영세트 모형

니라 유통까지 국가의 통제 하에 이루어진다.

영화 제작에 앞서 영화에 필요한 대본 심사를 받는다. 영화대본이 심의에 통과되면 영화 제작에 필요한 필름이나 기타 장비들을 배정받는다.

북한 영화의 특징으로 꼽을 수 있는 것 가운데 하나가 스케일은 크다는 점인데, 이러한 대작 영화나 수십편의 다부작 영화 제작이 가능한 것도 모든 것을 국가에서 지원해 주기 때문이다. 인력동원이라던가 장비 등 제작 여건이 비교적 여유롭기 때문이다.

이점은 개인적 창의력을 발휘하고 제작의 자유라는 측면에서는 제한적인 요소로 작용하지만 제작에 필요한 인력이나 장비동원에서는 장점을 갖고 있다고 할 수 있다.

가장 대표적인 영화촬영소는 조선예술영화촬영소가 가장 유명하다. 조선예술영화촬영소는 1947년에 설립됐고 지금까지 극영화, 기록영화, 아동영화 등 1,000여 편이 제작되었다. 상당수의 북한 감독과 배우들이 이곳 소속 직원으로 월급을 받는데, 배우 150명을 포함해 직원이 2천명에 달한다.

〈안중근 이등박문을 쏘다〉의 의상원화

Q 026 영화를 국가에서 관리하는 특별한 의미라도 있는가?

A 북한에서 문화예술에게 요구하는 기능은 우리와 다르다. 우리의 경우 문화는 삶을 바라보는 시각을 열어주거나 창의성, 삶의 에너지, 문화산업의 측면에서 이야기된다.

반면 북한에서 문화는 당 정책을 알리고, 외부의 불순한 사상에 물들지 않도록 교양하는 역할에서 의미를 찾는다. 문화예술인들은 사상교양 사업의 최전선에서 제국주의 문화 침투와 맞서 싸우는 전사이기 때문에 철저한 전문성과 사상성을 갖추어야 한다.

이를 위하여 영화뿐만 아니라 예술인들을 양성하는 전문학교를 운영하고 있다. 대부분의 예술인들은 이곳에서 전문 교육과정을 거쳐 배우가 되고, 배우가 되면 평생 동안 해당 분야에서 일을 하는 것이 일반적이다. 배우들은 촬영이 없는 날에도 매일 출근하여 개인 연기 연습 또는 후배 연기자 지도 등을 한다.

Q 027 북한에 극장은 영화관은 몇 개나 있는가?

A 문화시설에 대한 기본 인프라 구축은 상당히 일찍부터 시작하였지만 시설 개선이나 보수작업이 이루어지지 못하여 영화상영 환경은 열악한 편이라고 한다. 남한처럼 복합상영관보다는 지역문화관이나 혁명사적관 등의 시설을 활용하여 영화를 상영하는 경우가 많다.

양각도호텔에서 내려 본 양각도 국제영화회관

극장, 문화회관을 포함해서 북한 전역에 영화 상영 시설은 약 1천개가 있으며 전문 영화관은 주요 도시에는 통상 3~4개소가, 지방 소도시에는 1개소 정도가 건립 되어 있다. 이동영사대로 영화를 상영하는 장소는 약 1천개에 이르고 있는 것으로 알려져 있으나 확인되지는 않았다. 북한의 경우 문화시설은 하나의 목적보다는 복합적인 공간으로 활용되기에 영화상영이 가능한 공간을 포함한 것으로 이해하면 될 것이다.

평양의 대표적인 영화관으로는 양각도에 위치한 국제영화회관을 비롯하여 락원영화관, 대동문영화관, 개선영화관, 동대원영화관 등이 있다. 이 가운데 평양국제영화회관이 가장 유명한데, 1989년 제13차 세계청년학생축전을 대비하여 1988년에 설립되었는데, 2002년 남한 영화 <아리랑>의 시사회가 열리기도 하였다. 내부는 6개의 영화홀을 비롯하여 600여 개의 방으로 구성되어 있다.

국제영화회관은 17개의 날개가 붙은 수차가 돌아가는 외관으로도 유명하다. 영화관은 2,000석, 600석, 300석, 100석, 50석의 5개의 스크린이 있는데, 각각의 출입구가 달라서 동시에 입장하고 퇴장할 수 있다. 메인 홀인 2,000석의 상영관은 돌비 스테레오 시스템을 갖춘 원형 시네마홀로서 영화는 물론 가극, 연극 등도 공연할 수 있으며, 동시통역 시설도 갖추어져 있다. 지붕 위에는 청량음료점이 있어 음료를 마시면서 대동강의 풍경을 바라볼 수 있다.

평양 개선문 옆에 위치한 개선영화관. 영호관 주변에 매대가 많이 설치되어 있다.

Q 028 북한 주민들도 영화를 볼 수 있는가? 영화관은 특별한 계층에 속하는 사람들만 가는 곳이 아닌가?

A 북한에 대한 오해 가운데 몇 가지가 이런 질문이다. 이런 질문을 하는 것은 북한에서 문화는 일반적으로 고위급이나 즐기는 것으로 생각되기 때문이다. 일반 주민들은 하루 종일 일만하고 문화와는 거리가 먼 것으로 생각한다. 그러나 사회주의 국가의 문화정책은 정책 수립의 기본 목적을 인민을 위한 예술에 두고 있다. 가능한 한 많은 인민들에게 보이도록 하는 것이 목적이다. 의무상영도 많지만 의무상영이 아닌 경우에도 영화비는 매우 싼 편이다.

사회주의 국가에서는 생활과 직결되는 물건에 대해서는 저렴한 가격으로 인민들에게 공급하기도 하는데, 영화도 인민들에게 필요한 문화 교양 수단으로 생각하는 것이다.

영화는 의무적인 관람과 일반관람으로 구분 할 수 있는데 당이 선정하는 영화 같은 경우에는 전 국민이 의무적으로 본다. 영화관에서 유료로 개봉 하는 영화는 종류에 따라 북한 돈으로 40전, 80전, 1원 50전이다. 인기가 높은 영화의 경우 암표상이 등장하기도 한다.

북한의 영화관에서는 1일 평균 3회씩 영화를 상영하고 있는데, 인기를 끄는 영화의 경우 몇 달씩 상영하는 우리와 달리 대부분 2~3일을 주기로 작품을 번갈아 상영한다. 참고로 북한 영화관에는 심야상영이 없다.

락원 영화관

Q29 북한 영화관에서도 팝콘 같은 것을 파나요?

A 팝콘을 팔지는 않는 것 같다. 북한 영화를 보아도 극장에서 무엇을 먹는 것을 본 기억은 없다. 극장 안에서의 예절을 논하면서도 영화 상영중에 먹는 것과 관련한 것은 없는 것으로 보아 극장에서 무엇을 먹거나 팔지는 않는 것 같다.

또한 상식적으로 생각할 때 북한에서 영화는 오락보다는 정책적 기능이 강하기에 영화를 보면서 무엇을 먹는 일은 상당히 불경스러운 일이거나 다른 사람의 영화감상을 방해하는 예의 없는 일이 될 것이다. 그리고 영화를 보는 일은 개인적인 행동이기보다는 단체관람이거나 그렇지 않으면 친구들과 함께 보는 경우가 대부분이다.

최근에는 극장이나 번화가 앞의 매대가 크게 늘어났는데, 먹고 싶다면 영화를 보기 전이나 본 다음에 아이스크림이나 군고구마 등을 먹을 수는 있을 것이다.

북한 주민들의 생활의 하나가 된 매대

Q 북한 주민들이 좋아하는 영화나 장르를 꼽는다면?
030

A 북한 주민들 사이에서 영화의 인기는 매우 높은 편이다. 영화 제작 편수도 많지 않고, 인터넷이나 방송채널이 많은 것도 아니고 비디오나 DVD 대여점이 발달한 것도 아니기에 대중적으로 즐길 수 있는 문화가 많지 않다.

직장이나 학교에서 소조활동이 활성화되어 있지만 일과 후 즐길 수 있는 공간이 많지 않다 영화는 북한 주민들이 선택할 수 있는 몇 안 되는 여가활동 가운데 하나이다. 당연히 영화가 인기가 높다.

남한에서는 영화관이나 케이블 방송을 통하여 할리우드 영화를 중심으로 각국의 영화들이 소개된다. 외국 영화 상영을 둘러싼 스크린 쿼터 논쟁도 치열하지만 북한에서 상영되는 영화의 대부분은 북한에서 제작된 영화이다. 예전에는 조-쏘합작영화나 조-중합작영화도 있었지만 최근에는 거의 없으며, 외국영화 상영도 드물다. 거의 모든 영화가 조선예술영화촬영소나 조선인민군 4·25예술영화촬영소에서 만들어진다.

북한에서 인기 있는 영화들은 선군정치나 경제문제를 다룬 심각한 영화보다는 생활 속에서 일어나는 이야기를 소재로 한 영화들이라고 한다.

신상옥 감독이 만들었던 영화들도 인기가 높았다고 하는데, 비교적 사상성과 정치성이 적고 속도가 빨랐기 때문으로 보인다.

음악영화(뮤지컬영화) 〈사랑사랑 내 사랑〉

예술영화 〈청춘이여〉

북한에서는 예술 창작의 자유가 제한되어 있지 않은가. 그렇다면 문화로서 의미가 없는 것 아닌가?

남한에서 봉준호 감독의 영화 <괴물>이 새로운 흥행기록을 작성할 때 북한에서는 <한 녀학생의 일기>와 <평양 날파람>이라는 작품이 큰 관심을 모았다. 이 두 작품은 2006년 제10회 평양축전에서 상영되기도 했던 작품이다.

<한 녀학생의 일기>와 <평양날바람>의 간판

<한 녀학생의 일기>는 15살의 여학생 수련이 원망하다가 과학의 중요성과 국가를 위하여 헌신하는 아버지를 자랑스럽게 이해하게 된다는 내용이다. 북한에서 중시하는 과학중시, 청년중시 사상을 반영한 영화이다. 이와 비슷한 내용으로 1990년대 중반에 나온 <해운동의 두 가정>이라는 영화가 있었다. <해운동의 두 가정>은 다정다감하고 가정생활에 충실한 봄이네와 으로지 자신이 맡은 일에만 충실한 별이네 두 가정을 비교하면서 비롯 가정을 돌보지 못하지만 국가를 위하여 과학연구를 성공리에 끝낸 아버지가 자랑스러운 아버지라는 내용을 담았다. <한 녀학생의 일기>의

주제도 <해운동의 두 가정>과 같다고 할 수 있다. 다만 <한 녀학생의 일기>에서는 15살 소녀의 눈으로 진정한 애국이 무엇인가를 깨닫는, 심리묘사가 뛰어난 작품이다. 2007년 칸느 영화제 필름마켙에 나와서 관심을 모았다.

2006년 8월에 개봉된 <평양 날파람>은 '무예도보통지'를 지켜내기 위하여 일본 사무라이와 싸우는 평양 택견꾼들의 이야기를 영화로 옮긴 작품이다. 태권도의 모국에 살고 있으면서 민족적 재부(우수한 문화유산)을 지켜내야 한다는 주제의 영화이다. 비슷한 주제로 남한에도 소개되었던 <피묻은 락패>라는 영화가 있다. 독도가 우리 땅이라는 것을 증명하는 보물을 차지하려는 왜적에 맞서 보물의 위치가 그려진 패쪽을 목숨걸고 지키기는 삼형제의 이야기이다.

액션이 난무하는 남한 영화와 달리 북한 영화에서 액션영화는 흔하지 않다. 시원한 무술동작과 일본 사무라이를 물리치는 무도인들의 활약상이 북한 주민들의 가슴에 어필한 것 같다.

<평양날파람>의 배경이 된 북한의 태권도

Q 032 북한과 같은 사회주의 국가에서는 야한 영화가 없다고 하는데, 애정표현은 어느 정도인가?

A 북한의 영화는 대중들에게 호소력과 전파력이 강할 뿐만 아니라 김일성 부자의 각별한 사랑으로 가장 중요한 예술 장르로 중시되고 따라서 시나리오 작가들은 시인이나 소설가보다 높은 대우를 받고 영화문학창작사 등에 소속되어 주로 항일투쟁이나 이념 선전을 강조하는 시나리오를 만들어왔다.

그러다 1980년대 중반부터 북한 영화에도 변화가 있었다. <은비녀> 같은 영화에서는 남녀 관계가 대담하게 묘사되기도 하였고, <도시처녀 시집와요>에서는 남녀의 키스신과 애정신이 보이기도 하였다.

그러나 북한 영화에서 보이는 애정묘사 장면은 극히 제한되어 있다. 우리로 보면 교육방송의 영화 정도의 수준으로 보면 될 것이다.

다부작예술영화 '민족과 운명' <노동계급편>. 북한 영화의 키쓰나 포옹장면. 아직은 낯선 장면이다.

Q033 국내영화와 비교해서 북한 영화의 심의 기준은 어떤 편인가?

A 영화 심의는 우리나라에만 있는 것은 아니다. 영화 심의를 하지 않는 나라는 없다. 미국의 경우도 마찬가지다. 어떤 기준을 두고 영화를 상영하는 지는 국가별로 다르다. 각각의 나라들은 자기 나라의 기준에 의해 영화를 심의한다. 따라서 우리의 기준으로 북한 영화를 평가한다면 북한 영화 대부분은 정치선전물 일색이 되고, 북한의 기준으로 남한 영화를 평가한다면 사랑타령이나 하는 내용 없는 영화가 된다.

북한에서 예술창작의 자유는 우선 당에서 인정하는 범위 안에서의 자유이지, 소재나 표현의 자유를 의미하는 것은 아니다.

내용적인 측면에서 본다면 1990년대 들면서 소재가 다양해졌다는 것을 알 수 있는데, 예전에는 금기시 되었던 애정표현이 가능해졌거나 남한의 노래가 삽입되어 있는 등의 변화를 찾아볼 수 있다. 그러나 이러한 변화는 어디까지나 전체적인 틀 안에서의 부분적인 변화라고 할 수 있는 것이지, 틀 자체의 변화로 볼 수는 없다.

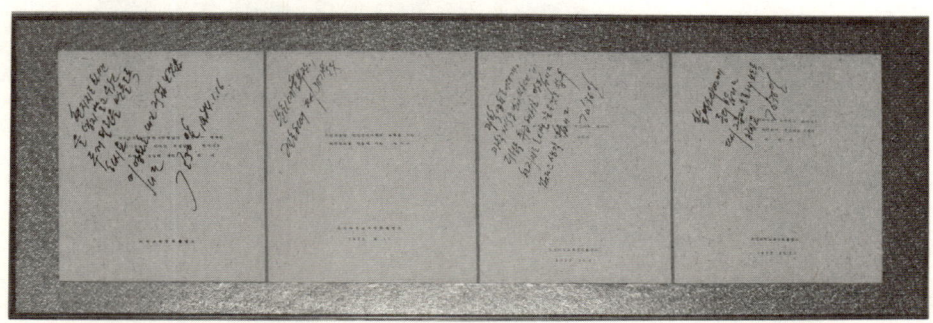

작품 대본들

Q 034 북한에서는 출신성분이 출세에 중요한 영향을 끼친다고 들었다. 배우의 경우는 어떤가?

A 북한의 모든 문화예술인들은 일정한 단위에 소속되어 있다. 영화인들도 마찬가지이다. 이들이 속한 단체는 모두 국가 기관의 단체이기에 영화인들은 모두 국가에 소속된 공무원인 셈이다.

다른 직업에 비하여 비교적 출신 성분이 좋아야 한다. 물론 교예배우의 경우 상대적으로 출신 성분이 크게 고려되지 않는다. 신체적 능력이 중요하기 때문이다.

영화를 통해 유명 인사가 되면 정치적으로 높은 지위까지 보장되고 있어 북한 주민들에게 선망의 대상이 되고 있다. 북한의 교육체계는 실질학문 중심으로 되어 있으며, 대부분의 경우 급수제로 되어 있다. 예술인 경우에도 마찬가지로 급수(무급에서 9급)가 있다 일정기간이 경과하면 그 동안의 업적으로 평가해서 등급이 올라간다. 일정 수준 이상 오르면 명예칭호로서 공훈배우, 인민배우, 공훈예술인, 인민예술인

북한 최고의 명예훈장인 김일성훈장

등의 공훈 칭호가 붙는다. 인민배우는 우리의 장관급 수준에 해당하는 대우를 받는다.

　이러한 공훈 칭호는 사회적 기여도에 대한 국가적 차원의 배려로서 경제적 보상체제가 약한 북한으로서는 정신적인 가치를 인정하는 것이다. 특별히 높은 평가를 받은 작품이나 예술인에 대해서는 하사품이 있기는 하지만 남한처럼 영화의 흥행에 따른 부수적인 소득이나 광고수익 같은 경제적 보상이 뒤따르지는 않는다.

김정일 국방위원장이 직접 검열한 예술영화 〈피바다〉 대본

공화국영웅 금별메달(좌)과 로력영웅 금메달(우)

Q 035 우리는 요즘 개성 있는 배우들이 사랑받고 있는데요. 북한은 어떤가?

A 얼마 전에 사망한 인민배우 김령조 60여 편의 영화에서 주연과 조연으로 개성있는 연기를 보였고, <민족과 운명>에서 차홍기역을 맡았던 북한 최고의 조연배우인 박기주, 북한에서 대통령이라는 별명으로 불리는 김윤홍 등이 있다.

1946년 일본 가나가와현에서 태어난 재일교포 출신인 인민배우 김윤홍은 1966년 북한으로 귀국하여 평양연극영화대학 통신과를 졸업한 배우이다. <민족과 운명> 시리즈에서 박정희 대통령 역을 맡은 적이 있었는데, 역할이 너무나 잘 어울렸다. 당시 김윤홍의 역할에 대해서 북한 영화계에서는 '야심가 음모가로서의 정체를 자기의 표정과 외모에 담아 적나라하게 드러내면서 독재자 박정희의 형상을 나무랄데 없이 신통하게 그려냈다'는 평가를 내렸고, 이 역할을 계기로 공훈배우 칭호까지 받았다.

<민족과 운명> '차홍기편'에서 열연하는 개성파 연기자 박기주

1992년 12월 김정일 국방위원장을 만났을 때, 김정일 국방위원장이 "아이구, 대통령 각하 안녕하셨습니까?"라고 인사하면서 김윤홍의 연기를 흉내 낸 적이 있었다고 한다.

연기자들 가운데 악역 배우로 김영근이 유명하다. 예술영화 <친위전사>에서 '간첩'역을 맡은 이래로 악역 전문배우로 유명하다. 일제시대의 광주학생운동을 배경으로 1985년에 제작된 예술영화 <광주는 부른다>에서 데라우치 총독역으로 출연하여 실감나는 연기로 인기와 미움을 받았다.

박정희대통령 역을 맡았던 김윤홍

조연들은 영화의 재미를 더하는 요소이다. 〈우리의 향기〉, 〈민족과 운명〉 '노동계급편'의 한 장면

Q 036 우리나라에서는 〈괴물〉이나 〈태풍〉 같은 대작뿐만 아니라 거의 모든 영화에서 특수효과나 CG(컴퓨터 그래픽) 작업을 하는데, 북한에서도 특수효과나 컴퓨터를 많이 활용하는가?

A 우리 영화에서는 특수효과의 중요성이 점점 높아지고 있다. 특수 분장이나 CG 작업을 하는 분들의 역할이 중요하다. 북한에서도 분장 영화 속 캐릭터를 살리면서 현실 속 인물로 재창조하는 것으로 중요하다. 분장사들에게도 배우와 같이 인민 예술가, 공훈 예술가 등의 높은 지위를 주고 분장을 고상한 성격 창조의 예술로, 분장의 중요성을 강조한다.

최근 북한 영화에서도 특수효과 활용이 늘어났다. 특수효과를 활용한 대표적인 영화로는 <불가사리>, <살아있는 령혼들>이 있다. 신상옥 감동의 작품으르 유명한 <불가사리>는 일본의 특수효과 담당자들이 제작에 참여하였다고 한다.

2000년 이후의 영화로는 북한판 타이타닉으로 불리는 <살아있는 령혼들>이라는 영화가 있다. 북한판 타이타닉이라고 불리게 된 것은 이 영화에서 특수효과로 처리한 침몰 장면이 타익타닉과 비슷하였기 때문이다. <살아있는 령혼들>에서는 제2차 세계대전이 끝나고 일본에서 조선인을 태우고 가던 배가 현해탄 가운데서 의문의 폭발사고를

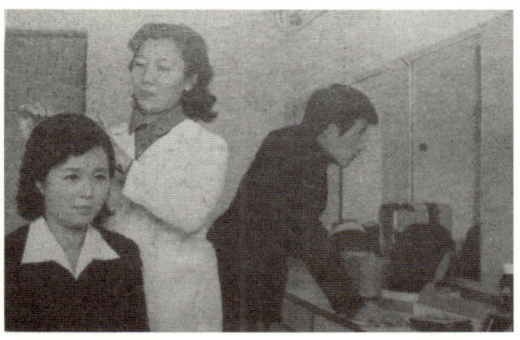

영화에 앞서 분장중인 배우

일으키고 침몰하는 장면이 나온다. 이때 사람들이 우왕좌왕 하는 장면, 배가 폭발하고, 사람들 물에 휩쓸리는 장면, 배가 갈라지는 장면이 컴퓨터 작업으로 이루어졌다.

특수효과를 활용한 영화 〈불가사리〉

특수효과를 활용한〈살아 있는 령혼들〉

Q 037 북한 영화의 특수효과 수준은 높은 편인가?

A 북한 영화계도 최근 컴퓨터 그래픽에 대해 깊은 관심을 보이고 있다. 여기에는 조선컴퓨터센터와 김일성종합대학, 김책공업종합대학, 조선예술영화촬영소 컴퓨터실, 5·18영화연구소가 공동으로 참여했다. 문화성 산하 5·18 시험소는 영화 창작에 도움이 되는 과학, 기술적인 문제들을 해결하는 곳이다.

최근 영화 장면을 컴퓨터 그래픽으로 처리하는데 필요한 각종 프로그램을 개발했다. <살아 있는 령혼들>의 폭파 장면이 그 대표적인 성과편집이다. 우키시마마루호의 폭파 장면의 CG 제작에는 조선컴퓨터센터와 김일성종합대학, 김책공업종합대학, 조선예술영화촬영소 컴퓨터실, 5·18영화연구소가 공동으로 참여하였다.

북한에서 컴퓨터 그래픽의 활용은 계속될 것으로 보인다. 첨단과학술을 생활과 접목하는 것이 국가 정책의 하나이다. 특히 아동영화의 경우 기존의 2D에서 3D중심으로 옮겨가면서 촬영, 채색, 배경미술, 화면합성, 및 특수효과 처리 과정 등에 컴퓨터 응용기술의 폭이 넓어지고 있다.

특수효과를 활용한 〈불가사리〉

북한의 대중문화

Q 038 북한판 '타이타닉'이라고 하는 〈살아 있는 령혼들〉은 어떤 내용인가?

A 〈살아 있는 령혼들〉은 재일 조총련 출신의 김춘송씨가 맡았었다. 〈살아 있는 령혼들〉은 이제까지의 북한 영화 가운데 가장 많은 제작비가 들어갔고 컴퓨터그래픽을 본격적으로 이용했다는 점에서 관심을 모았다.

〈살아있는 령혼들〉타이타닉에 버금가는 컴퓨터 그래픽 효과로 국제 무대에서도 좋은 평가를 받았지만 사실 민족사의 가슴 아픈 사연을 담은 영화이다. 영화의 내용은 이렇다.

사랑하는 사이였던 명진과 혜연은 마을 사람들 앞에서 미래를 약속하였지만 강제 징용을 당하게 된 혜연의 아버지를 대신하여 명진이 징용을 가면서 두 사람은 헤어진다.

일본으로 끌려간 명진은 노예처럼 일한다. 이런 명진을 찾아 일본으로 오게 된 혜연은 그만 일본군 장교의 겁탈을 피해 달

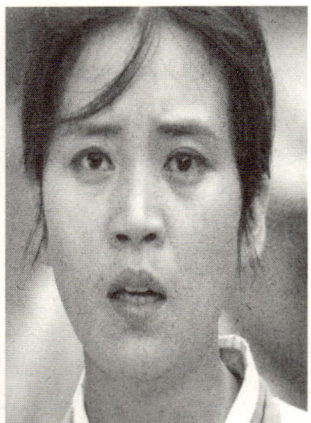

예술영화 〈살아있는 령혼들〉

124

아나다 사고를 당하고 다리를 절게 된다. 끝내 사랑하던 명진을 만나지 못한 혜연은 해방이 되어 조국으로 돌아가는 조선인을 태운 우키시마 마루호에 오른다. 갑판에서는 광복과 귀향으로 들뜬 조선인들이 모여서 기쁨을 나누었는데, 그곳에서 혜연은 꿈에도 그리던 명진과 감격적인 해후를 한다.

그러나 기쁨의 순간도 길지 않았다. 조선인들을 온전히 돌려보내는 것을 달가워하지 않던 일본은 배에 폭약을 장치하여 배를 침몰시킬 계획을 갖고 있었다. 배가 폭발하고 수많은 조선인들은 고국으로 돌아오지 못하고 현해탄 바다 밑으로 배와함께 가라 앉는다.

<살아있는 령혼들>의 소재가 된 것은 실제 있었던 일을 바탕으로 한다. 영화문학 창작가(시나리오 작가)들은 폭파의 진실을 밝히기 위한 근거자료 수집에 고심하였다고 한다.

1945년 8월 광복과 함께 귀국하던 한국인 징용자 등 7천 5백여 명을 태운 일본 군함 우키시마마루(浮島丸 4천730t급)가 원인을 알 수 없는 폭발사고로 일본 교토(京都)항 부근의 마이쓰루(舞鶴) 만에서 침몰되어 5천여 명이 수장(水葬)되었는데, 사고의 원인에 대해서는 아직 밝혀지지 않았다.

예술영화 <살아 있는 령혼들>

Q 039 우리의 경우 영화 제작지가 관광명소가 되기도 하는데, 북한에서는 어디서 영화를 만드는가? 영화촬영장이 따로 있는가?

A 북한의 영화, 우리가 흔히 보는 극영화를 예술영화라고 하는데, 예술영화는 주로 예술영화촬영소에서 제작한다.

북한을 대표하는 영화촬영집단이자 영화촬영장은 조선예술영화 촬영소이다. 조선예술영화 촬영소는 1947년 2월 6일 '국립 영화 촬영소'라는 이름으로 처음 창립되었다. 1949년 북한 최초의 예술영화 <내 고향>을 시작으로 김일성의 위대성 선전, 당정책 해설, 노동 의욕 및 혁명성 고취 등을 주제로 한 예술영화를 주로 제작한다.

창립 초기에는 예술 영화촬영보다 주로 시보, 기록 영화의 제작에 치중하였으나 1970년대 중반 기록영화 제작을 전담하는 '조선기록영화촬영소'가 별도의 단체로 분리되면서 예술영화만 제작하고 있다.

조선예술영화촬영소 거리 세트장

평양시 형제산구역 당산동에 위치한 조선예술영화촬영소는 북한 최고의 예술영화촬영소답게 대규모 촬영시설을 갖추고 있다. 부지 면적이 100만㎡에 이르는 대규모의 부지 면적에 4개의 대형 촬영장과 야외 촬영거리, 배우양성소가 있다. 특히 야외 촬영소는 규모는 10만㎡이나 된다. 촬영소 안에는 조선 시대의 거리풍경에서 근대에 이르는 거리세트, 초가 마을, 백두밀영, 량강 마을, 한국 거리 등이 있으며, 중국, 일본, 미국 등의 거리 풍경 세트가 갖추어져 있다. 시설물들은 거의가 반 영구적인 건물로 4면이 모두 다른 모습을 지니고 있어 영화촬영시 다양한 화면을 연출할 수 있다.

또한 실내촬영장, 녹음 및 편집설비, 필름가공설비 등 현대적 시설을 구비하고 있는데, 10편의 영화를 동시에 촬영하고 녹음할 수 있는 규모이다.

조선예술영화촬영소 외의 영화창작단체로는 4·25예술영화촬영소가 있다. 4·25예술영화촬영소는 민간창작단체가 아니라 조선인민군 총정치국 소속이다. 주민들과 군인들에 대한 유일사상 무장과 북한군의 공적을 찬양하는 영화 제작을 목적으로 1959년 5월 16일 '조선인민군 2·8영화촬영소'라는 이름으로 설립되어 전쟁영화나 군과 관련한 영화 제작에 주력하고 있다. 1970년 1월 13일 조선 2·8예술영화촬영소로 바뀐 이후부터는 이외에 혁명전통·계급교양·체제찬양 등 다양한 주제의 극영화를 제작하였다. 1995년에 4·25예술영화촬영소로 이름이 바뀌었다.

조선예술영화촬영소 거리 세트장

Q 040 북한 영화는 아니지만 북한에서 직접 찍은 다큐멘터리가 있다던데?

재일조청련계 민족학교를 소재로 한 다큐영화 〈우리학교〉

A 북한 주민의 삶을 보여주는 다큐멘터리 작품으로는 다니엘 고든 감독의 〈어떤 나라〉, 〈천리마축구단〉 그리고 〈푸른눈의 평양시민〉 등이 있다. 북한의 실상이나 생활상이 외부세계에 많이 알려지지 않아 이들 작품은 영화적 관심보다는 사회적 관심이 높았다.

다니엘 고든 감독의 〈어떤 나라〉는 북한의 대집단체조와 예술공연에 참가하는 두 중학생 소녀의 생활을 비교적 사실적으로 그려낸 작품으로 많은 관심을 모았다.

〈어떤 나라〉에서는 집단체조 공연을 앞두고 연습하던 두 여학생이 연습이 힘들어서 땡땡이를 치고 학생소년궁전에 가서 놀다오는 장면이나 김정일의 생일인 2월 명절을 맞이하여 식구들이 대동강 유보도에 나와 명절을 즐기는 풍경 등이 나온다. 2월이면 한창 추운 시기이고, 또 겨울에 가족들끼리 산책 한다는 것은 낯선 장면이었지만 명절을 맞이하는 북한 주민들의 생활상을 보여주었다.

딸의 건강을 걱정하면서 아침 밥을 많이 먹지 않았다고 혼내는 엄마의 모습이나 이들이 생활하는 아파트 내부, 아파트 주방에서 석유곤로로 밥을 해 먹는 장면은 일반 주민들의 생활상을 여과없이 보여주는 것이었다. 또한 주요 명절에 벌어지는 대규모 경축야회를 보내는 모습, 고난의 행군이라 불리는 식량난을 지나 온 이야기 등은 서방세계에서 쉽게 접할 수 없는 생생한 장면이었다. <천리마축구단>은 1966년 잉글랜드 월드컵 대회에서 아시아팀 사상 최초로 8강에 올랐던 북한 축구팀 선수들을 중심으로 한 다큐멘터리이다. 1966년 잉글랜드 월드컵에 북한은 아시아 대표로 출전하게 되었는데, 그 동안 북한 축구는 국제무대에 전혀 알려지지 않았다. 무명이나 다름없던 북한 팀이 당시 남미의 강호 칠레와 1:1로 비겼고, 마지막 게임에서 당시 세계 최강의 전력으로 강력한 우승후보였던 이탈리아마저 1:0으로 이기고 8강에 진출하였다. 포르투갈과의 4강 진출전에서 북한은 박승진, 리동운, 양송구가 잇달아 골을 터트리면서 3:0으로 앞서 나갔으나 경험부족 등으로 후반에 '검은 표범'으로 불리는 에우제비오에게 4골을 허용하면서 5골을 내주면서 3:5로 패하였다.

2006년에 상영된 <디어 평양>은 재일교포 다큐멘터리 감독인 양영희 감독의 가족사를 담은 영화이다. 양영희 감독의 아버지는 재일조총련이 만들어 질 때부터 헌신적으로 일한 간부이다. 아버지는 두 아들을 귀국선에 태워 평양에 보낸 다음 아들과 손자를 위해 틈틈이 물품을 싸서 보낸다. 가족사를 중심으로 평양을 방문하면서 촬영한 여러 장면을 통해 가슴 아픈 가족사를 그렸다.

2007년 상영된 <우리 학교>는 재일조청련계 민족학교인 삿포로초중고급학교의 생활을 담은 영화이다. 역시 2007년에 상영된 <푸른 눈의 평양시민>은 월북하여 평양에서 생활하고 있는 미군병사의 이야기를 담은 다큐멘터리 영화이다.

<푸른눈의 평양시민>포스터

Q 041 요즘 다양한 분야에서 남과 북의 교류가 많은데, 영화 교류는 어느 정도 진행되고 있나?

A 남북교류가 정치, 경제 분야에서는 상당히 활발하게 진행되고 있지만 문화분야의 교류는 아직까지 그렇게 활발하지는 못하다. 무엇보다 이념적인 문제가 있기 때문이다.

주요 영화교류로는 1990년 10월 미국동부한국예술인협회 주관으로 퀸스대학 골든센터에서 제1회 남북 영화제가 개최되었던 적이 있었다. 이때 <도라지꽃>, <안중근 이등박문을 쏘다>가 북한의 대표 작품으로 출품되었다. 2002년과 2003년에는 이두용 감독의 영화 <아리랑>의 평양 시사회가 있었다. 시사회에서 남북영화인들은 일본에 있는 나운규의 <아리랑>의 환원 및 복원을 위하여 함께 힘을 모으는데 동참하기로 의견을 모았었다.

북한에서 선풍적인 인기를 모았던
홍석중의 <황진이>

남한에서는 1988년 북한 알기 운동의 일환으로 연세대학교에서 <아리랑>이 공개 상영된 이후 부산국제영화제나 전주국제영화제에서 북한 영화들이 소개된 적이 있었다.

교류사업은 아니었지만 영화 <간 큰 가족>이 처음으로 북한 지역인 금강산에서 촬영되었고, 북한 작가 홍석중의 소설 <황진이>를 원작으로 한 영화 <황진이>가 제작되어 2007년 상영되었다. 방송에서도 북한의 영화 몇 작품이 일부 편집된 상태이지만 방영되었다.

2007년에는 조명애가 출연하는 드라마 <사육신>이 KBS의 외주형태로 조선중앙텔레비죤에서 제작되어 8월 8일부터 상영되었다.

아동영화 쪽에서는 북한의 아동영화가 KBS를 통해 방영되었으며, 남북합작으로 <뽀롱뽀롱 뽀로로>, <게으른 고양이 딩가> 등이 제작되었다.

홍석중의 원작소설을 바탕으로 남한에서 제작된 송혜교 주연의 <황진이>

Q 042 남한에서 북한의 작가 홍석중의 〈황진이〉가 영화로 만들어 졌다고 하는데, 〈황진이〉는 내용이 상당히 야한 것으로 알고 있다. 어느 정도인가?

A 홍석중의 소설 〈황진이〉는 작가에 대한 정보가 없다면 북한의 작품이라고 생각하기도 어려울 만큼 파격적이다. 내용이나 문체, 역사를 소재로 하였다는 점에서 마치 신문 연재 역사소설 같다. 이러저러한 점에서 〈황진이〉는 북한의 다른 소설과는 견줄 수 없는 특색 있는 작품이다.

소설 〈황진이〉의 삽화

〈황진이〉 곳곳에서는 풍부하고 다양한 역사 이야기가 들어 있다. 〈황진이〉에 인용된 고사나 이야기들은 풍부한 역사적 지식을 바탕으로 하지 않고서는 창작할 수 없는 것들이다. 더욱이 대화 하나하나 묘사 하나하나에도 향토색이 물씬 풍기고 있다.

그러나 정작 더 많은 관심을 끄는 것은 풍부한 고사와 이야기 거리가 아니라 파격적인 성(性)적 묘사 부분이다. 소설 〈황진이〉을 접했던 많은 사람들의 공통된 의견은 '아니 어떻게 이런 작품이 북한에서 창작될 수 있었을까'라는 것이었다.

몇 장면을 소개 하면 다음과 같다.

진이의 젖가슴도 결코 작은 것이 아니지만 이금이한테는 비할바가 못된다. 묵모같은 대접젖의 탄력 있게 부풀어 오른 하얀 젖두덩은 마치 숫눈이 소복하게 덮인 애기무덤과 같았다

이년아. 다 큰 기집애가 벌거벗구 물속에서 절버덕거려 봐. 달빛에 놀라 밖으로 나왔던 대망이(뱀)가 제 굴하구 헛갈려서 기여들문 어쩔테냐

놈이의 숨결이 가빠 졌다. 후들후들 떨리는 그의 손이 진이의 몸을 더듬었다. 진이는 깜짝 놀라며 그이 손을 뿌리쳐 버리려고 했으나 이미 그럴 힘이 없었다.…진이는 달빛속에 누워 있었다. 굳은 살이 박힌 놈이의 거친 손이 그의 부드러운 살결을 쓰다듬으며 점점 아래로 내려 왔다. 진이의 온몸이 불덩이처럼 달아 올랐다. 입에서 신음소리가 저절로 새여 나왔다. 문득 가슴이 무거워졌다. 무섭게 흡뜬 놈이의 두눈이 이글거리는 숯불덩이가 되여 자기를 내려다 보고 있었다.

그는 어느 놈한테 가슴을 주물리우다가 그렇게 되였는지 저고리고름이 떨어 져 나가고 속적삼이 찢어 져서 허연 젖두덩이 반나마 드러났건만 가릴 생각도 하지 않았다.

작품에 대한 설명 없이 떼어다 놓으면 남북을 가릴 수 없을 만큼 묘사가 파격적이다. 벽계수를 속여 위선을 드러내는 대목이나 수릿날 기생들의 허참(새로 입적한 기생이 선부 기생을 대접하는 것)이 있던 날 형방비장이 기생들 '행실을 내는' 대목이나 지족선사라 불리며 생불소리를 듣던 원묵대사를 파계시키는 대목이나 화담 서경덕을 찾아가 시험하는 대목은 에로영화의 한 대목이다.

어떻게 북한에서도 〈황진이〉 같이 야한 작품이 나올 수 있나?

A 확실히 〈황진이〉는 북한 소설로서는 보기 드문 작품이다. 〈황진이〉에 대한 남한의 관심이 모아진 것도 바로 북한에서 보기 드물기 때문이다. 북한에서 보기 드문 작품이란 곧 북한의 일반적인 소설 경향과는 다른 점을 의미한다. 따라서 북한의 많은 작품이 〈황진이〉 같다고 보거나 〈황진이〉를 북한 내부의 변화를 반영하는 작품으로 해석하는 것은 지나치게 확대 해석할 위험이 있다는 것을 염두에 두어야 한다.

소설 〈황진이〉의 삽화

〈황진이〉의 작가 홍석중 가문은 북한 내에서도 함부로 할 수 있는 집안이 아니다. 〈황진이〉 같은 작품이 나오게 된 데에는 작가 홍석중의 집안 내력을 빼고는 이야기할 수 없다.

〈황진이〉의 저자 홍석중의 할아버지는 우리 민족사에서 가장 훌륭한 역사소설로 불리는 〈임꺽정〉을 쓴 조선문학창작사 소속 작가이며 부총리를 지낸 벽초 홍명희(1888-1968)이며, 아버지는 향가해석에서 탁월한 업적을 남긴 조선의 천재라는 별명을 가진 한문학의 대가 홍기문이다.

홍석중은 할아버지 홍명희의 뒤를 이어 <임꺽정>의 수정 보완 작업을 직접 했으며, 삼포왜란을 소재로 한 역사소설 <높새바람>의 작가이다. <황진이>에서도 홍석중의 가풍을 찾아내는 일은 그리 어렵지 않다. 이런 작가의 특수성이 작품에 반영되었기에 <황진이> 같은 작품이 나올 수 있었던 것이다.

<황진이> 한 작품을 두고서 북한 문학계의 변화를 읽으려 하거나 북한 사회의 변화를 읽어내려는 것은 나무만 보고 숲을 보지 못하는 것이다. <황진이> 이후 역사를 소재로 한 소설은 여러 편 나왔지만 <황진이> 같은 작품은 보이지 않는다. 북한 문학사의 관점에서 보면 오히려 <황진이> 같은 작품이 예외적인 작품이라고 할 수 있다.

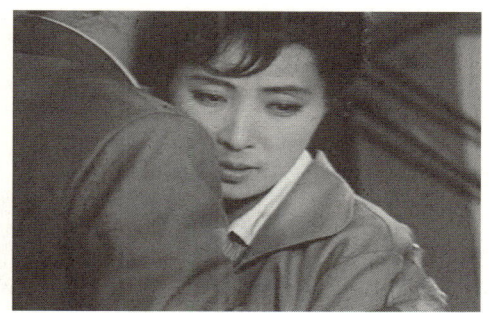

북한 영화에서 남녀의 사랑은 애정보다는 동지애적 결합을 강조한다.

Q 044 통제가 엄격하다고 해도 북한도 사람 사는 사회일 텐데, 북한에도 야동이나 성인잡지 같은 것들이 있지 않은가?

A 북한과 관련하여 가끔 그런 질문을 받는다. 북한도 사람이 사는 사회인 만큼 당연하게도 성인을 위한 문화가 있을 것으로 생각한다. 새터민들의 증언에 따르면 일부 농민시장에서는 한국 드라마 CD가 공공연하게 거래된다고 하기도 하고, 주민들이 돌려보기도 한다.

북한에도 북한 체제가 인정하지 않거나 불법적인 문화가 있을것이다. 그렇다

북한에서 제작된 비디오

면 북한에서 유통되는 것들이 과연 북한에서 만들어진 것일까?

결론적으로 말하면 북한에서는 이런 물건이 만들어 질 수 있는 사회가 아니다. 통속적인 문화가 만들어지고 유통되기 위해서는 몇 가지 전제조건이 필요하다. 우선은 물리적으로 상품화 시킬 수 있는 재료가 있어야 한다. 책을 만들기 위해서는 종이가 있어야 하고, CD를 만들기 위해서는 촬영장비와 복제기계가 있어야 한다.

그런데, 북한에서 종이나 CD복제기 같은 것은 개인이 소유할 수 있는 것이 아니다. 우리야 개인이 소유한 출판시설이나 인쇄시설을 통해 얼마든 지, 불법적으로 만들어 낼 수 있지만 북한의 경제 구조상으로 이는 불가능하다. 북한은 종이가 귀할 뿐만 아니라 인쇄에 필요한 종이의 수요 계획은 국가에 의해 통제 된다. 즉 일 년 동안 인쇄소에서 찍어낼 계획에 맞추어 종이를 공급받아 인쇄를 한다.

북한에서 제작된 영화·음악CD

이런 시스템 하에서 음란서적을 만들어 팔기 위해서는 종이공장과 인쇄공장을 마음대로 움직일 수 있어야 한다. 나아가 이익을 위한 유통시스템도 장악하고 있어야 한다. 북한에서 이것은 사실상 불가능한 일이다.

그렇다면 북한에서 주민들이 보았다는 드라마 CD나 음악 CD 등은 무엇인가? 상당 부분은 아마도 중국으로부터 유통된 것으로 보아야 할 것이다. 북한과 중국의 국경무역이 활발해지면서 남한의 문화를 접할 수 있는 연변지역이나 동북3성을 통해 불법복제 된 것들이 국경무역상을 통해 북한으로 들어간 것들이 대부분일 것이다.

Q045 우리 사회도 가끔은 유명연예인들의 스캔들이 들리곤 하는데 북한에서도 연예인들의 스캔들 기사가 있는가?

A 남한에서는 연예인들과 관련한 무성한 뒷소문들이 있다. 일부는 실제로 밝혀지기도 하는데, 북한 예술인들의 스캔들은 없다. 아니 혹 있다고 해도 그것을 확인할 수 있는 길이 없다.

남한에서 연예인들의 대중적 인기는 항상 방송과 언론의 관심대상이 되고, 때론 지나친 상업성 때문에 비판을 받기도 한다. 남한에서 연예인들에 대한 관심이 높은 것은 기본적으로 상업성이 깔려 있기 때문이다. 방송이란 것이 시청률을 의식하지 않을 수 없다.

인민대학습당의 영상 자료들

반면 북한의 경우 기본적으로 매체의 기능이 남한과는 다르다. 신문이나 방송은 모두 국영방송으로 방송위원회의 검열을 받는다. 신문의 경우 북한의 모든 신문은 기관지로 발행된다. 즉 「로동신문」은 조선로동당의 기관지로서 당보이며, 「청년전위」는 청년동맹의 기관지이다.

북한의 신문에는 사회면이 없다. 사회면은 주로 사건사고를 비롯한 사회의 문제를 다루는 지면이다. 북한에서 신문은 인민들에게 좋은 것만을 알려주고 이를 따라 배우게 하는 일종의 교양지이다. 인민들에게는 건전한 소식과 교양에 도움이 되는 것만 실린다.

연예기사도 없다. 다만 노동신문 같은 경우에는 인민들이 배워야 할 노래나 문학예술 작품에 대한 이야기가 실려 총화시간에 학습용으로 활용되는 경우는 있다.

인민대학습당의 영화감상실

Q 46 데이트 할 때 극장에 많이 가는데, 북한에서도 데이트 할 때 극장에 가는가?

A 남한에서 영화관은 자주 찾는 데이트 장소이다. 복합상영관이 많아 영화를 선택하기에도 편하고 부대시설도 좋다. 그렇다면 북한에서도 데이트 할 때 극장에 갈까.

데이트하러 극장에 가기는 쉽지 않아 보인다. 우선은 공개적으로 남녀가 데이트 한다는 것이 쉽게 용인되지 않는다. 다른 사람들의 눈에 띄도록 손을 잡거나 팔짱을 끼고 데이트를 할 수 있는 분위기가 아니다.

또한 영화관이라고 하여도 많은 작품의 영화가 만들어지는 것이 아니기에 작품 수도 많지 않으며, 전력사정이 나쁘면 상영 도중 자주 끊어지거나 심지어는 영화가 상영되지 못하는 경우도 있다.

평양의 경우 데이트 장소로는 대동강 유보도와 교예극장 등이 많이 이용되는 것 같다. 북한 영화에서도 이곳은 남녀의 데이트 장소로 빼놓지 않고 나오는

북한 영화속의 데이트장면

곳이다.

  남녀가 서로 이끌리는 정이야 동서고금을 떠난 인간의 본질적인 문제일 것이다. 조선시대라고 남녀상열지사가 없었겠고, 사고(?)가 없었겠는가? 그 표현방식이나 받아들이는 방식이 다를 뿐 남녀 관계는 아무도 말리지 못하는 자석 같은 것일 것이다.

  북한에서 남녀의 데이트 모습을 볼작시면 참 순박하고도 순수하다. 서로의 마음을 전하는 것도 서툴고 상대방의 마음을 받아들이는 것도 순수하다. 1970년대 우리네 영화 속에서 수줍어했던 첫사랑 영화를 보는 것 같다.

북한 영화 속의 남녀. 남녀 관계는 많은 경우 혁명적 동지애로 설정되어 있다

Q 047 북한 영화 수입가능성에 대한 전망을 한다면 어떨 것인지, 그리고 그 후 국내에서의 반응이나 파장에 대해 예상해 본다면?

A 북한 영화가 국내에서 상영된 사례를 몇 번 있었다. 대학축제 기간이나 영화제에서 특별코너로 북한 영화가 상영된 적이 있었고, <불가사리>를 비롯한 몇몇 작품들이 부분 수정을 거쳐 공중파를 타기도 했다.

통일부 기관인 북한자료센터에서는 정기적으로 북한 영화를 상영하고 있으며, 단체 관람을 신청하면 언제든지 볼 수 있다. 개인적인 자격으로 가서도 볼 수 있다.

그러나 일반인을 대상으로 한 상업적인 상영은 아직 시작되지 못하고 있다. 통일부의 관리 하에 상영되는 것은 관리의 측면에서 문제가 되지 않지만 일반인을 대상으로 한 영화 상영은 아직은 이루어지지 못하고 있다.

일반인을 대상으로 북한 영화를 상영하기에는 법적인 문제가 남아 있다. 뿐만 아니라 자칫 맨 처음 북한 영화를 들여오는 업자는 상당한 관심을 받을 것이기 때문에 특혜논란도 있을 수 있다. 처음 북한 영화를 수입하는 곳에서는 상당한 관심을 모을 수 있겠고, 남북의 문화적 차이에 대한 호기심으로 기대해 볼 수도 있을 것이다. 그러나 빠른 속도와 화려한 화면, 자극적인 소재에 젖어있는 국내 관객들이 익숙해질 수 있을 지는 좀 더 지켜봐야 할 것이다.

KBS를 통해 방영되기도 하였던 북한의 아동영화

북한에서 드라마는 어디서 만드는가?

A 북한 TV에 방영되는 드라마의 경우 조선중앙텔레비죤, 조선중앙방송위원회 방송문예창작단, 조선예술영화촬영소에서 주로 제작한다.

<가정>을 비롯하여 '텔레비죤(텔레비전, 북한에서는 텔레비죤이라고 함) 예술영화'인 <압록강 2천리>, <민족의 사나이>, 텔레비죤련속극 <대하는 흐른다> 같은 작품은 조선예술영화촬영소에서 제작하였으며, <갈매기>, <열망> 등의 작품은 조선중앙텔레비죤에서 제작하였다. 다만 아동영화의 경우 아동영화 전문 창작단인 '4·26아동영화촬영소'에서 제작한다. 그리고 기록영화는 조선기록영화촬영소에서 과학영화는 조선과학영화촬영소에서 제작한다.

실내촬영세트장

Q 049 텔레비전 소설이라는 것도 있다던데?

A 텔레비죤(텔레비전)소설은 소설을 드라마로 각색한 것으로 우리의 TV드라마와 같은 것이다. 연속으로 되는 경우에는 텔레비전연속소설이라고도 한다. 북한에는 텔레비전연속극, 텔레비전극(단막극)이 있는데 소설을 각색한 텔레비전소설과 구별하여 이 같은 이름이 붙여졌다고 한다.

텔레비전영화도 있는데 조선말대사전에 의하면 텔레비전소설은 'TV방송을 위해 특별히 만든 영화로 일반 영화와 달리 시청자들이 등장인물이 적고 구성이 간단하며 상영시간이 길지 않은 등의 특성 갖고 있다'고 설명한다. 텔레비전 북한 TV에 방영되는 텔레비전영화와 텔레비전소설 등은 조선중앙방송위원회 텔레비전총국에서 일괄적으로 제작하고 있다.

실내촬영세트장

Q 050 감독이나 작가를 비롯하여 드라마 스텝은 어떻게 선발되는가?

A 북한에서 전문연예인이나 방송인이 되는 길은 상당히 제한적이다. 일반인으로 예술소조 활동을 통해 선발되는 경우도 있으나 이례적인 일이며, 대부분의 경우 예술전문 과정을 거쳐야 한다.

방송작가나 방송 분야 종사원들의 대부분은 평양연극영화대학 출신들이다. 평양연극영화대학은 연극, 영화, 방송 분야의 인재를 양성하는 교육기관으로 1953년 11월 1일에 종합예술학교로 출발하여 1972년 평양영화대학으로 다시 1988년부터 평양연극영화대학으로 개편되었다.

평양연극영화대학은 영화관련 학부, 연극관련 학부, 출판보도 관련 학부 등 크게 3개의 학부로 구성되어 있다. 이론과목과 함께 창작 실무를 병행하고 있다. 창작 인력을 양성하는 영화창작학부와 배우 방송원을 양성하는 영화배우학부, 영화기술 인력 양성을 기본으로 하는 영화기술학부가 있다. 세부학과로는 영화문학창작과, 영화연출과, 텔레비전 연출과, 영화촬영과, 영화배우과, 영화이론과, 영화녹음과, 필름현상과 등이 있다. 평양연극영화대학에는 부대시설로 녹음실, 영화편집실, 필름 현상실, 방송실기장, 녹화실 등이 있다.

부설 연구소와 대학원 과정인 박사원이 설치되어 있다. 그리고 방송관련 재직간부 양성 과정과 통신교육 체계를 갖추고 있다. 평양연극영화대학 외에 예술관련 교육기관으로는 평양예술대학(4년), 2·16예술전문학교(6년), 7·18고등예술전문학교(6년) 등이 있다. 특히 영화배우 양성만을 전담하는 기관으로 '배우양성소'를 두고 있으며, '전문영화문학통신원강습'이라는 특별과정을 통하여 아마추어 방송작가나 시나리오작가를 양성하기도 한다.

연출가 인민배우 엄길선(左), 연출가 인민배우 조경순(中), 1966년 북한과 이탈리아전 축구 중계로 스타가 된 김일성상 계관인 노력영웅 박사 인민방송인 리상벽(右)

남한 드라마와 달리 북한 드라마가 갖는 일반적인 특징은 무엇인가?

A 북한에서 드라마는 텔레비전 예술영화로 불린다. 텔레비전영화의 특징은 북한의 모든 문학예술 창작 시스템이 그렇듯이 국가에 운영된다는 점이다. 북한에서 방송, 언론 등 모든 매체가 국가에 의해서 운영된다. 이는 북한을 이해하는 가장 큰 차이면서 남북한의 문화적 차이의 기본적 구조문제이다. 국가에 의해 운영된다는 것은 방송제작과 보도, 편성지침, 내용, 시간 등이 당의 통제를 받는다는 것을 의미한다. 따라서 시청자를 의식한 경쟁이나 상업적인 일체의 작용이 있을 수 없습니다.

북한의 방송선전사업을 통일적으로 관리하는 기관은 조선중앙방송위원회이며, 그 산하에 3개의 텔레비전방송과 라디오 방송이 송출되고 있다. 조선중앙방송위원회는 편제상 정무원에 소속되어 있으나, 그 역할은 당의 선전선동담당비서(비서국)의 지휘 아래 각 방송매체의 프로그램 제작, 방송을 지도 감독하는 일 등이다. 또한 조선중앙방송위원회는 각 도의 방송위원회와 군의 방송위원회, 유선방송중계소를 관리 감독한다.

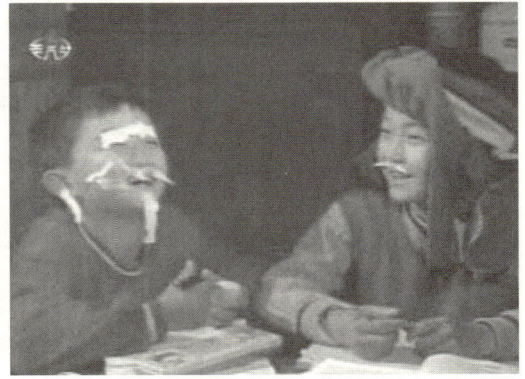

개구쟁이들의 이야기를 소재로 인기를 모았던 〈2학년생들〉

Q 052 드라마에서는 작품의 구성이 매우 중요하다. 북한 드라마와 남한 드라마의 구성상 차이는 무엇인가?

A 남한 드라마와 북한 드라마 작품 내용을 보면 구성의 면에서 두 가지 정도의 차이가 있다. 하나는 드라마의 구성이 순차적 구조로 되어 있다는 점이다. 사건에서부터 발단, 전개, 위기, 절정, 결말에 이르는 구조이다. 사건의 병렬적 구조나 극적인 반전과 같은 드라마틱한 구조는 찾아보기 힘들다. 이는 북한 문학예술 전반에 걸쳐 나타나는 특징인데, 이같이 순차적 구조로 되어 있는 이유는 그것이 민족적 정서 때문이라고 설명한다.

모든 문학예술 작품은 인임들의 정서에 맞아야 하는데, 인민들의 정서는 유순하고 밝고 급한 변화를 싫어하기에 작품의 순차적인 구조가 가장 잘 맞는다고 본다.

다른 하나는 드라마를 포함한 북한의 모든 이야기에는 의식의 변화가 동반되어야 한다. 어떤 이야기이든 그 속에서 벌어지는 사건을 통

북한 드라마 〈네거리 초병〉

하여 처음과는 다른 의식의 변화, 예를 들어 어떤 사건을 통하여 수령의 은덕을 알게 되었거나, 도덕적으로 내가 잘못되었구나를 반성하는 것, 그래서 더욱 열심히 사회주의 건설에 참여하고 도덕적 인간으로 성장한다는 것이 포함되어야 한다.

북한 드라마 〈한마음〉

북한 드라마 〈붉은 흙〉

Q053 드라마에서도 당의 정책이 반영되는가?

A 북한의 드라마에는 당대 사회의 국가정책이 반영되어 있어야 한다. 북한의 모든 문화예술 작품은 정부(당)에서 의도한 제작 방침에 따르게 되어 있다. 이것은 공연예술과 매체가 국가운영 체제로 되어 있기 때문에 민간이라는 개념으로는 접근할 수 없다. 작품을 제작하고 검열하여 배급하는 전과정은 당에서 관여한다. 작품 제작에 앞서 계획서를 제출하고 제작된 작품에 대한 몇 단계의 검열을 통하여 적절성을 판정받아야 일반주민에게 공개될 수 있다. 따라서 국가에서 100% 의도한 방향에 맞추어 작품이 만들어 진다. 이것은 북한적 문화시스템의 특징이다.

2001년에 제작되어 큰 인

문화성 혁명사적관

기를 모은 〈옥류풍경〉이라는 작품이 있었다. 〈옥류풍경〉은 옥류관 평양냉면에 대한 자랑을 주제로 한 영화이다. 북한을 대표하는 처녀 빙상무용수(아이스댄서)인 류순애와 옥류관 총각요리사 무한기의 사랑을 중심으로 아기자기한 사건속에 배우들의 코믹한 연기가 어우러지면서 큰 인기를 모았다.

빙상무용수 류순애는 처음 호기심으로 무한기를 만났다가 당의 방침에 따라서 백두산의 천연감자를 메밀의 첨가제로 이용한 새로운 메밀국수를 만들어 내는 모습을 보면서 무한기의 아름다운 정신세계에 빠진다. 결국 무한기를 '평양냉면을 세계적인 수준으로 끌어올리는 애국자, 거인'으로 보게 되고 사랑에 빠진다는 내용이다.

〈옥류풍경〉에서 감자를 이용하여 메밀국수를 만들었다는 것은 최근 북한에서 강조하는 대체작물로서 감자의 중요성을 강조하고 있기 때문에 이런 내용을 담게 되었다. 북한에서는 식량난을 해결하고자 대체작물로서 감자를 적극적으로 활용하고, 대체 먹거리로서 대대적으로 장려하고 있다.

시범적 단지로 조성된 대홍단은 감자생산의 새로운 본보기로 알려지면서 보천보전자악단의 생활가요 〈대홍이와 홍단이〉가 만들어졌고, 예술영화 〈대홍단군책임비서〉라는 작품이 만들어 지기도 하였다. 감자를 중시하는 당 정책이 반영된 것이다.

Q 054 드라마에도 당정책이 반영되어 있다고 했는데, 그럼 북한에서 드라마가 갖는 기능이나 역할은 무엇인가?

A 영화나 드라마가 하는 역할은 서로 다른 것이 아니다. 물론 북한의 모든 예술이 공통으로 갖는 기능은 인민 교양에 도움이 되어야 한다는 것이다.

북한이 사회 체제를 유지하는 방법은 크게 두 가지 측면이 있다. 하나는 직접적인 통제와 규율의 방식이며, 다른 하나는 감성을 통한 우회적 통치 방식이다. 문화예술이 중요하게 평가받는 것도 인민들에게 당정책을 직접 설명하기보다는 감성적으로 느끼게 하여 인민들이 자발적으로 참여하도록 교양하기 때문이다.

인민들에게 복잡하게 설명하는 것보다 구체적인 사례를 보여주고 인민들로 하여금 그대로 본받게 하는 것이다. 이것이 이른바 전형과 영웅으로 설명할 수 있다. 전형이란 원래 사회주의적 사실주의에서 시대적인 상황을 가장 잘 보여주는 인물을 의미하였는데, 북한에서는 주체시대에 맞는 인물형을 의미한다.

영웅은 그야말로 사회에 귀감이 되는 인물이다. '노력영웅'이나 '공화국영웅' 공산주의적 미풍을 실천한 사회적 모범을 뽑아 따르게 하는 것이다. 북한에서 드라마가 교양의 수단이 될 수 있는 것도 인민생활과 직접적으로 밀착된 우수 생활사례를 보여주고, 배우게 하기 때문이다.

우수 모범 사례를 정하고 이를 따르는 것은 여러 나라에서 국가를 이끌어 가는 방법의 하나이다. 우리나라의 경우에도 유신시절 새마을지도자나 시범마을을 지정하여 우수한 사례를 배우도록 한 것이 이러한 방식의 예가 된다. 요즘식으로 표현하면 벤치마킹인 셈이다.

과학기술을 중시하는 정책을 시행하면 먼저 시범단지나 사례를 뽑아 놓고 이를 따르게 하고 있다. 남한에서도 우수 벤처기업이나 신지식인 같은 것을 국가차원에서 지정하고 훈장이나 표창, 시범적 사례를 뽑는데, 예전처럼 국가적 차원에서 체계적으로 운영하지는 않는다.

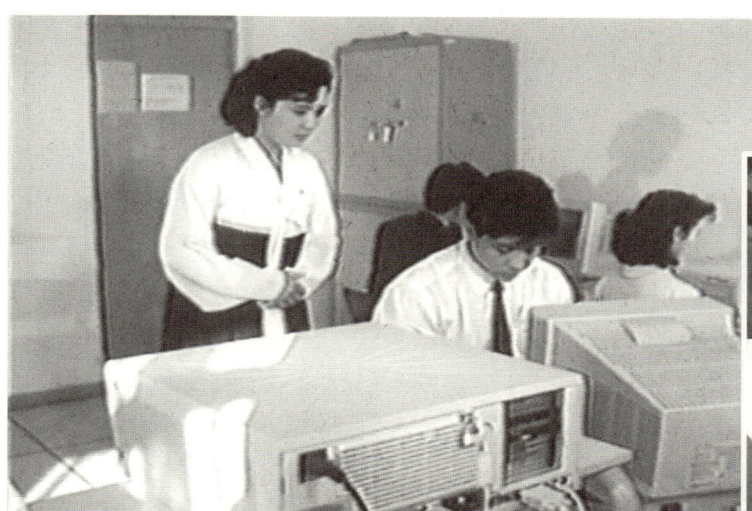
많은 경우 북한의 영화나 드라마는 현사회가 요구하는 절박한 내용을 주제로 한다

고난의 행군 시기의 어려움을 사실적으로 그려낸 예술영화 〈자강도 사람들〉

Q 055 드라마가 당의 정책을 반영한다면 아무래도 방송 소재가 많이 제약될 것 같은데?

A 드라마의 소재로 선택되는 것은 분명한 제한이 있다. 문화적 차이인데, 가장 중요한 것은 드라마 자체가 문화교양의 수단이라는 점에 주목해야 한다. 이 문제는 소재의 선택이라는 문제보다 주제를 어떻게 다루는 가에 대한 문제로 보아야 한다. 주제적 측면에서 다룰 수 있는 소재는 수령에 대한 문제, 사회주의 건설에 나선 인민의 문제, 미풍양속을 키우는 데 도움이 되는 주제, 민족적 정서에 맞는 내용이 드라마로 제작될 수 있다.

반면 인민생활에 도움이 되지 않는 내용(사회주의 체제의 모순을 보여주거나), 불건전한 내용, 민족적 정서를 거스르는 내용, 군사기밀을 드러내는 작품 등은 제작될 수 없다.

상대적으로 과감한 애정신으로 관심을 모았던 예술영화 〈봄날의 눈석이〉

생활을 소재로 한 드라마에서 특히 민감한 부분은 애정묘사 부분인 것 같다. 북한의 영상매체에서 키스신이 처음 등장한 것은 1980년대로 〈봄날의 눈석이〉란 작품인데, 최근까지도 노출이나 애정표현은 많이 제한된다. 사회적으로 용납하기 힘든 사회악을 소재한 방송도 거의 없다.

북한 젊은이들 사이에서 자본주의 영화에 대한 관심이 높다고 하는데 상대적으로 이에 대한 제재가 크다고 한다. 특히 남녀간의 애정 장면이나 자본주의 국가의 거리와 생활모습 등에 흥미와 호기심을 갖는다. 이 때문에 이런 영화를 보다 발각된 사람은 정치범으로 다루기도 한다. 드라마는 재미보다는 교양이 되어야 하는데, 우리 민족의 정서는 유순하기 때문에 격한 내용은 민족적 정서에도 맞지 않는다고 본다.

　재미있는 것은 북한 드라마에서 삼각관계가 존재하지 않는다는 점이다. 삼각관계가 존재하지 않은 이유는 역시 민족적 정서와 관련된 문제이기 때문이다. 남녀의 애정은 두 사람의 문제였지, 삼각연애는 없었다고 본다. 이러한 방침을 벗어나는 작품을 창작할 수는 없다.

〈붉은 흙〉　　　북한의 대표적인 영웅인 길경조를 소재로 한 예술영화 〈비행사 길영조〉

북한에서 드라마의 인기는 어느 정도인가? 또 인기 있는 드라마로는 어떤 것이 있는가?

A 북한에서도 드라마의 인기는 대단히 높다. 그러나 지역적으로 차이가 있기는 하지만 텔레비전 보급률도 높지 않은 데다 최근에는 전력사정이 좋지 않아 방송시간도 제한되어 있다.
북한의 대표적인 텔레비전 방송인 조선중앙TV방송의 경우 프로그램 편성이 계몽·선전영화 35.6%, 뉴스 10%, 단막극(드라마) 13%, 아동프로 5.2%, 음악 9%, 스포츠 21.1%, 대담·안내·영어 교육프로 5.6%(평일 경우) 등으로 이루어져 있다.
북한 드라마 가운데서 최근에 인기 있는 작품으로는 2001년 10월 조선중앙텔레비전이 방영한 <가정>이 있다. 이 작품은 북한 주민들에게는 충격이었다고 한다. 무엇보다 이제까지 금기시 되었던 부부간의 불륜과 갈등을 정면으로 그렸기 때문이다. 당초 10부작으로 제작된 이 드라마가 이혼재판으로 까지 치달은 부부간의 문제에 결론을 내리지 못하고 9부에서 끝맺었다는 것은 주민들에게 미친 충격의 여파를 단적으로 짐작케 해주고 있다.
2000년 말에 방송된 '붉은 소금'도 인기를 모은 드라마이다. 1996년 8월 착공돼 1999년 10월 완공된 광명성제염소의 건설과정에서 청년들이 발휘한 끈기와 정신을 그린 것으로 북한에서는 드물게 시청자들로 부터 수백통의 편지와 전화를 받았을 만큼 큰 인기를 얻었다. 가동이 중단된 공장을 되살려 나가는 여주인공의 활동상을 소재로 한 드라마 <삶의 밑천>, 6·25전쟁 때 신념과 지조를 지켰다는 북한의 한 실존 고위간부를 주인공으로 한 <붉은 흙>도 비교적 좋은 평가를 받았던 작품들이다.

Q 057 〈가정〉이라는 드라마가 큰 반향을 일으켰다던데?

A 〈가정〉은 북한의 손꼽히는 소설가인 4·15문학창작단의 벅남룡씨가 지난 1980년대에 쓴 중편소설 〈벗〉을 각색한 것이다. 중편소설 〈벗〉은 1960년대 이후 북한에서 창작된 문예물 중 이혼문제를 처음 다룬 소설이었다.

〈벗〉은 자강도의 한 기계공장에서 일하다가 도예술단 배우로 소환된 아내가 기계공장 선반공인 남편과 이상이나 성격 등이 맞지 않아 갈등을 겪다가 법적 이혼신청에까지 이르는 내용을 그리고 있다. 결말에서는 주인공인 판사가 이들 부부의 이혼을 부결하고 서로 화해하도록 도와주는 것으로 끝난다. 부부 사이의 성격 차이로 이혼에까지 치달았던 부부가 화해하는 구도로 끝나는 것은 아무래도 이혼보다는 원만한 합의를 통해 가정을 유지하는 것이 정서적으로 맞기 때문일 것이다.

북한에서도 〈가정〉에 대해 '인간의 사랑이 살고 미래가 자라는 아름다운 세계인 가정, 행복한 부부, 행복한 가정이란 어떤 것인가와 이혼이란 어떤 가슴 아픈 상처와 후과(부정적 결과)를 남기는가'를 보여 준 작품으로 평가하였다.

북한에서 가정은 혁명의 기본 단위로서 강조된다

Q 058 북한 드라마에서는 〈가정〉이외 이혼이나 불륜을 소재로 한 작품은 없는가?

A 드라마 〈가정〉에서 이혼문제를 다루어 상당한 관심을 끌었던 것은 그 만큼 이혼을 소재로 한 드라마가 적기 때문이다. 남한에서야 드라마 소재로서 이혼이나 불륜 등의 문제가 일반화 되어 있고, 삼각관계가 없는 드라마가 없지만 북한에서는 이혼이라는 것 자체가 드라마의 소재로 선택되기 어렵다.

〈가정〉은 이처럼 어려운 주제를 선택을 했고, 상당히 리얼하게 그려져 있기 때문에 북한에서도 반향을 일으켰던 것이다. 〈가정〉이 방영되었을 때 북한 사회의 변화를 이야기하는 사례로 언급되기도 하였다. 그러나 이는 너무 소재 자체에 초점을 둔 분석인 것 같다. 어떤 소재를 다루었느냐도 중요하겠지만 어떻게 다루었는가도 중요한 문제이다.

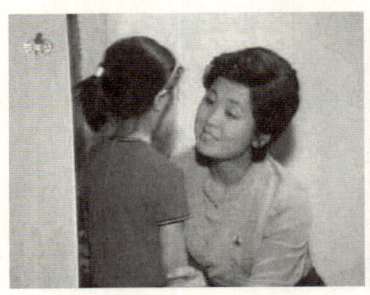

〈우리 인민반장〉

물론 워낙 금기시하였던 소재였기 때문에 관심이 가는 것은 사실이다. 〈가정〉에서는 남편이 아내에게 험한 욕설을 퍼붓고 집기를 부수고 심지어 아내를 때리는 모습, 자녀들이 부모의 잦은 싸움으로 인해 고민하고 상처받는 모습까지 고스란히 방영되어 예전 드라마와 비교할 때 파격적이었다.

종전 북한의 문예작품에서는 당정책 집행과 업무수행을

놓고 부부가 다투는 내용을 일부 다루기는 했지만 부차적인 줄거리에 머물렀고 설령 기본 줄거리라 해도 이혼과는 전혀 무관한 소재들이었다. <가정>처럼 가족간의 갈등을 소재로 한 드라마가 등장하였다는 것은 그 만큼 북한에서도 가정 문제가 중요한 사회적 문제로 떠오르게 되었다는 분명하다는 것을 알 수 있다. 북한에서 가정은 단순히 가족 차원을 넘어 사회적인 의미가 크다. 북한에서 가정은 혁명의 기본 단위이다.

북한에서 사회적으로 크게 강조되고 있는 미덕으로 '공산주의적 미풍'이 꼽히는데, 이러한 '공산주의적 미풍'의 예로 협동농장이나 탄광 등 중노역장에 청년들이 자원하여 진출하거나 처녀들이 '영예군인'(상이군인)들과 결혼하는 것 등이 손꼽힌다. 사회주의 혁명을 실천하는 가정의 완성이 곧 가장 이상적인 가정의 모습인 것이다.

'공산주의적 미풍'을 발휘한 경우 모범적인 사례를 선정, 김정일 노동당 총비서 명의로 '감사'를 보내 치하한다. 김일성종합대학 노동자인 로정심씨와 함흥모방직공장 노동자 김희복씨는 '특류영예군인'(특급 상이군인) 청년들과 가정을 이뤄 '남편들이 혁명의 꽃을 계속 피워 나가도록 잘 도와

인민반 생활을 그린 <우리 인민반장>(上)
맞벌이 문제를 다룬 드라마 <엄마를 깨우지 말아>(下)

주고 있다'고 대대적으로 보도한 것이 구체적인 예이다.

북한에서 가정 문제를 심각한 문제로 파악하는 것은 자체가 다른 부작용, 예를 들어 자녀의 문제, 가정교육의 문제로 확대되기를 우려하기도 하지만 북한 인민들의 의식 변화가 체제 유지에 위협이 되지 않을까 하는 우려 때문이다.

북한에서는 지도자와 당, 그리고 인민을 하나의 생명체로 본다. 수령이나 지도자는 우리몸의 두뇌에 해당하는 수뇌로 본다. 당조직은 뇌의 명령을 온몸 전체로 전달하는 신경조직으로 인민을 몸으로 본다.

또한 수령과 인민의 관계를 지배자, 피지배자, 관리자의 개념이 아니라 가족으로 인식한다. 흔히 '어버이수령'이라는 표현이 이와 같은 가족적 인식을 심어주고, 청소년들에게 '충성동이', '효자동이'라는 표현을 통하여 수령을 사랑하는 것이 곧 부모에게 효도하는 것처럼 당연한 일로 교육한다. 북한 체제는 이처럼 단단하고 결속된 사회조직으로부터 시작한다. 그런데 가정이 깨어진다면 사회적 조직체도 와해될 수 있고, 동료의식이나 연대의식이 많이 약화될 것이다. 이런 점에서 가정 문제를 인식하고, 국가가 간여하는 것이다.

세련된 패션의 북한 여성

Q 059 남한에서는 드라마에서 유행하였던 패션이 사회적인 트렌드가 되기도 하는데, 북한도 그런가?

A 북한에서도 드라마의 인기가 높고, 드라마의 영향력은 크다. 그러나 그렇다고 해서 남한처럼 유행을 선도하지는 않는다.

유행이라는 것, 소위 말하는 뜬다는 것이 어떤 것인가. 스타가 입었던 스타일의 옷이나 귀걸이, 팔찌 혹은 자동차나 핸드폰 등의 것들이다. 아니면 드라마의 배경이 되었던 지역들 <모래시계>의 정동진이나 <겨울연가>의 남이섬 등이 관광 상품으로 유명해 지는 것을 의미한다.

삼순이 분노 3종 세트 같은 먹거리가 바람을 타기도 한다. 그렇다면 이런 유행이 북한에서 있을 수 있을까? 쉽지 않은 환경이다. 일단 드라마에서 유행하는 물건이나 소품을 구매할 수 있는 시장과 공급자가 있어야 가능하다. 그런데 북한에서는 이런 것을 시장에서 구매할 수 있는 시장경제체제가 아니다.

그렇다면 북한에서 유행하는 것은 어떤 것일까? 북한에서 유행하는 것은 남한처럼 패션이나 옷차림 같은 상품이 아니라 인기 배우의 말투나 행동거지에 대한 것이다.

북한에서도 1960년대까지는 흰저고리에 검정치마 일색이었다가 1870년대부터 양장이 등장하고 원색계통이 옷이 나오기 시작했다. 1990년대 이후에는 의류뿐만 아니라 신발이나 가방 등에도 패션개념이 도입되어 패션이 다양화되고 있다. '고난의 행군' 시절에는 패션이니, 유행이니 하는 말과는 거리가 있었지만 경제가 회복되기 시작한 이후에는 예전에 비해 한층 다양해졌다. 최근 남북 회담을 통해 보여지는 북한 여성들의 옷차림은 남북의 구분이 가지 않을 정도로 다양해졌다.

그러나 이것은 제한된 경우이지 일반적인 상황은 아니다. 북한에서 생산되는 옷감의 종류는 테트론이나 비날론 같은 합성 섬유가 주종을 이루고 있으며, 패션을 뒷받침할 시장이 형성되어 있지 않다.

이런 환경에서 유행은 옷이나 악세사리 같은 물건이기보다는 코메디 프로의 개그맨 흉내와 같은 동작이나 말투 등으로 유행한다. 예전에 텔레비전에서 유행하였던 '맹구'나 어린이 만화 주인공 '짱구' 같이 독특한 목소리 등이 유행하는 것이다.

경제가 호전되면서 패션에 대한 관심도 늘어나고 있다

 교예

Q 북한에서는 서커스를 교예라고 하는데? 특별히 교예라고 하는 이유가 있나?
060

A 그렇다. 남한에서 한 때 서커스가 큰 인기를 모았던 적이 있었지만 지금은 명맥만 유지하고 있는 상황이다. 그런데 북한에서는 교예라고 해서 여전히 인민들 사이에 인기가 높다.

북한의 교예단은 그 동안 방송을 통해 소개되다가 1999년 통일농구대회와 2000년에 서울에서 공연을 통해 남한에도 많이 알려졌다. 금강산에는 모란봉교예단이 공연을 하고 있어, 금강산을 방문하게 되면 북한 교예를 볼 수 있다.

교예는 서커스에 대한 북한식 용어이다. 교예에 대한 사전적인 의미를 보면 두 가지로 가능하다. 일반적으로 교예라는 말은 기교예술(技巧藝術)의 줄임말로 알려져 있었다. 사전적인 의미로 기교(技巧)는 '교묘한 손재주'를 뜻한다[22] 다른 한자로는 교예(較藝)가 있다. 이때 교예는 견줄 교 '較'를 쓴다. 뜻을 풀자면 예(기예)를 겨루다는 의미가 있다.[23]

서커스 대신에 교예라는 말을 사용하는 것은 북한에서 교예가 갖는 기능과 역사성을 고려한 것으로 보인다. 북한에서 교예는 문화예술 장르로 사상과 정서, 그리고 체육 문화에 이르는 다양한 측면에서 대중을 교양시키는 기능이 있다고 평가한다. 서커스가 인민의 것이 되지 못하고 자본주의의 전유물로 타락한 반면 교예는 "육체운동을 형상수단으로 하여 인간의 체험과 정서, 지향 등을 반영함으로써 사회교양적 기능을 담당"한다고 구분한다. "우리 사회에서는 교예가 사람들에게 건전한 사상과 슬기, 용맹과 의지를 키워 주고 그들을 명랑하고 쾌

---

22 (민중서림, 『漢韓大字典』, 1990, p. 506).
23 (민중서림, 『漢韓大字典』, 1990, p. 506).

활하게 만들어 주는 고상한 예술로 되고 있습니다"는 김정일의 평가는 교예에 대한 인식을 잘 보여준다.

한편으로 교예의 역사성도 주목할 필요가 있다. 북한에 있는 고분벽화에도 교예와 관련한 그림이 남아 있다. 5세기 것으로 추정되는 평안남도 강서군에 있는 벽화에는 귀족들의 나들이 장면이 있다. 수산리 고분벽화에는 나들이에 나온 귀족이 시종들과 함께 재주부리는 것을 보고 즐기는 모습이 있다. 이들이 보고 있는 것은 한 사람이 나무다리로 춤을 추고 있거나 여러 개의 막대와 공을 엇바꿔 던지는 것으로 보아서 당시의 여가 생활로 정착되었다는 것을 짐작할 수 있다.

교예공연중인 평양교예단원들

평양교예단원들

Q 061 서커스가 서양에서 들어 온 것으로 알고 있었는데, 상당히 오랜 역사를 지닌 우리 문화였다는 것인가?

A 수산리 고분벽화에 나타난 흔적으로 만 본다면 그 시기는 상당히 오래되었고, 기원 역시 중앙아시아나 이란 쪽에서 유래된 것으로 알 수 있다.[24]

현대적 의미에서 우리가 알고 있는 서커스는 서양에서 발달한 것이지만 로마시대의 서커스와 중국의 민간예인 집단 등 동서양을 막론하고 기예를 팔아 생계를 유지했던 예인집단은 비슷하게 있었다.

우리 나라에서도 유랑예인집단으로 남사당을 비롯하여 대광대패, 솟대쟁이패, 사당패, 걸립패, 중매구 등이 있었다. 유랑예인집단에 대한 기록은 삼국시대의 문헌에서도 확인된다. 그러나 남사당과 같은 전문예인 집단이 형성될 수 있는 데는 경제적인 요인이 크게 작용한다. 따라서 전문 예인들이 본격적으로 집단화되고 전문화된 시기는 예인집단의 운영을 위한 기본적인 소비 시장이 형성되기 시작한 조선후기나 1900연대로 보는 것이 타당한 것 같다.

꼭두쇠를 정점으로 남자 예인들로 구성된 남상당패의 주요 레파토리 종목은 농악(풍물)과 대접돌리기인 버나, 땅재주를 도는 살판, 줄타기인 어름, 탈놀음인 덧뵈기, 꼭두각시 놀음인 덜미 등이었다.

서커스는 천막을 치고 이동하면서 재주를 보여준다는 점에서는 남사당과 비슷하지만 각종 기자재를 이용한 요술과 공중그네, 동물을 이용한 재주, 악극단 등을 보여준다는 점에서 인간

---

24 『역사스페셜4』, 효형출판, 2002, p. 183.

교예공연 관람객들

교예극장 입구

의 기능에 의존하는 남사당보다는 다양한 볼거리를 제공한다. 이점이 서커스의 인기를 상승시킨 요인이라 하겠다. 서울 한 귀퉁이에서 명맥만을 겨우 유지하고 있는 서커스는 오락이나 문화 공간이 절대적으로 부족했던 시절 환상과 꿈을 심어주는 환상의 세계였다. 서커스는 영화산업의 발달과 TV의 보급으로 인해 사라져가고 있다.

그러나 북한에서는 대단한 인기를 누리고 있다. 교예배우를 전문으로 양성하는 교예학교를 비롯하여 교예전용극장, 국가기관인 교예단체가 있다. 북한 뿐만 아니라 영국의 로얄서커스단은 세계를 무대로 재주를 보여주고 있으며, 북경의 서커스단 공연은 여행관람코스로 인기가 높다. 북한의 교예는 외국과의 친선교류에서 대단히 중요한 위치를 차지한다. 북한의 대회공연에 가장 많이 참여한 단체가 바로 평양예술단이다. 평양예술단은 광복 이후 오늘날까지 사회주의 국가는 물론 서구 유럽 국가와의 친선교류나 국제교예 대회에 빠짐없이 참여하였다.

Q 062 북한교예가 세계적인 수준을 유지하는 비결은 무엇인가?

A 교예는 북한에서 예술의 한 종류로 대단한 인기를 모으고 있다. 특정한 나라에서 특정한 장르가 발단하는 것은 그 만한 이유가 있다. 프랑스에서는 미술이 독일에서는 음악이 발달한 것도 기후풍토와 문화환경의 차이 때문이라고 할 수 있다.

이 같이 특정한 장르가 발전하게 된 데에는 특정 장르에 대한 사회적 인식, 관련 인프라, 관련 예술인 양성체계가 갖추어져 있기에 발전한다고 할 수 있다.

교예가 북한에서 높은 평가를 받는 것은 북한에서 주민들의 체육 문화적 교양 기능 때문이다. 사회적으로 높은 평가를 받고 있으면서, 국가에서 관리하는(사실은 북한의 모든 단체가 국가단체지만) 평양교예단, 조선인민군교예단 등의 관련 단체가 있고, 평양교예극장과 같은 교예전용극장, 2002년 11월에 문을 연 최신 음향설비와 조명시설을 갖춘 1천 500여㎡의 요술전용극장도

교예공연 전용시설을 갖춘 평양교예극장

있다. 평양교예학원은 평양교예단이 직접 운영하는 교예배우 전문학교로서 교예배우들을 체계적으로 양성하고 있다.

또한 교예와 관련한 다양한 직업도 전문화 되어 있다. 우리에게는 생소한 교예연출가라는 직업이 있는데, 교예연출가는 교예배우의 장면연출을 전문으로 하는 직업이다.

교예음악단도 있다. 교예음악이란 교예의 흐름과 기술동작들의 율동에 맞게 창작 또는 편곡된 반주음악을 말하는데, 교예음악은 대중적인 경음악의 한 종류로 배우들이 등장할 때, 그 밖에 서경, 종막 등에서 쓰인다. 교예음악을 사용하는 이유는 교예의 진행을 매끄럽게 이어주고 공연 효과를 극대화시켜주는 기능을 인정받고 있다. 교예음악의 핵심은 해동 교예종목의 내용과 정서적 특성에 맞게 편곡을 잘하는 것이다. 민족교예 종목에서는 민족적 색채가 짙은 음악을, 체력교예종목들에서는 건장한 느낌을 주는 음악을, 어린이들이 좋아하는 동물 교예종목에서는 동요 색채를 가진 음악을, 요술종목들에서는 사색적인 음악을 이용한다.

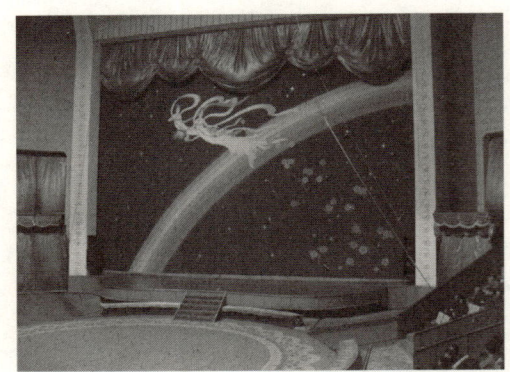
교예 전용극장 내부

교예에 대한 높은 평가, 전문화된 공간, 체계적 교육, 연관된 직업의 발달 등이 북한 교예를 세계적인 수준으로 유지하는 비결이다.

Q 063 북한에서 교예를 높이 평가하는 이유는?

A 사회주의 국가에서 강조하는 것은 건전한 정신활동 때문이다. 인민들의 건전한 정신의식을 함양하기 위하여 예술도 건전해야하고 교양에 도움되어야 한다.

교예는 서커스나 곡예가 착취계급의 저속한 취미와 향락적 욕구를 충족시키기 위한 구경거리로 인식하면서 기형화, 퇴폐화되었다고 평가한다. 쉽게 말해 자본주의 체제 하에서 곡예는 '착취계급의 돈벌이 수단으로 이용'되어 오느라 인민들의 정서와는 거리가 있었다는 것이다. 이런 서커스가 주체시대에 이르러 교예의 올바른 목적과 역할을 찾게 되었다는 것이다.

북한에서 말하는 교예의 기능은 '육체적인 형상수단으로 하여 인간의 체험과 정서, 지향 등을 반영함으로써 사회교양적 기능을 수행'하는 것이다. 김정일 국방위원장도 "우리 사회에서는 교예가 사람들에게 건전한 사상과 슬기, 용맹과 의지를 키워 주고 그들을 명랑하고 쾌활하게 만들어 주는 고

교예 공연을 보고 나오는 시민들

교예 공연을 관람하는 북한 주민들

상한 예술로 되고 있다고 평가하였다.

교예는 인간의 신체를 이용한다는 점에서 체육과 비슷하지만 육체적인 동작에 기초하여 인간의 사상과 감정을 고도의 테크닉으로 표현한다는 차이가 있다.

또한 교예의 종합적인 성격은 영화나 가극과 같이 생활을 포괄적으로 반영하는 것이 아니라, 음악 미술을 비롯한 여러 가지 예술형태들과 함께 역학, 물리학, 광학, 생물학을 비롯한 자연과학의 여러 부문들의 종합적인 결합에 의해 이루어진다고 말한다.

북한의 교예창작과 공연에서는 체육적 요소와 예술적인 요소, 양자를 바르게 결합시킬 것을 강조한다. 교예의 기본을 이루는 체육적 동작과 기교에 예술적인 조형율동미가 배합된 교예를 강조하고 있으며, 특히 사실주의적인 면에 생동감을 더한 연기가 요구되고 있다. 북한에서는 그들의 '주체적 문예이론'에 따라 교예예술 창조와 그 발전과정, 교예 종류와 형태를 명백히 구분하고 있다.

교예는 어떤 종목이 있나?

코믹한 내용으로 관객을 웃기는 막간극. 관객과 함께 진행하면서 웃음을 더한다.

A 혹시 서커스단에 가 본 적이 있는가? 있다면 어떤 종목을 보았는가?
교예의 종류는 크게 보아서 체력교예, 요술, 교예막간극으로 구분한다. 체력교예는 신체를 이용하여 고도의 전문화된 동작을 연출하는 교예이고, 요술은 각종 기자재나 도구를 이용하여 과학적 트릭을 활용하는 것이며, 교예막간극은 우스꽝스러운 복장을 하고 나와서 재주넘기를 하면서 희극적으로 코믹하게 웃음을 선사하는 것이다.

이 외에도 동물들이 등장하여 재주를 부리는 것이 있다. 원숭이나 개를 이용하여 재주를 보이거나 호랑이나 사자 같은 맹수를 이용하기도 한다. 이처럼 동물의 본성을 이용하는 교예를 동물교예라고 한다.

교예의 기본이 되는 것은 체력교예이다. 체력교예가 교예의 기본이 되는 것은 다른 모든 교예가 체력 교예를 바탕으로 이루어지기 때문이다. 북한에서는 체력교예가 사상과 체육, 문화의 모든 면에서 북한 주민들을 교화하는 힘을 가진다고 말하고 있다.

체력교예의 주요 종목으로는 중심력에 기초하는 중심교예, 조형미와 율동적인 움직임을 보여주는 조형교예와 민첩한 동작을 통하여 이루어지는 전회교예, 채찍과 바퀴 등을 다루는 손재주교예가 있다. 이외에도 신체의 어느 부분을 이용하느냐에 따라서 머리재주, 입재주, 발재주 교예 등이 있다.

코믹한 내용으로 관객을 웃기는 막간극. 관객과 함께 진행하면서 웃음을 더한다.

얼음이나 물 속에서 하는 것도 있던데?

빙상교예

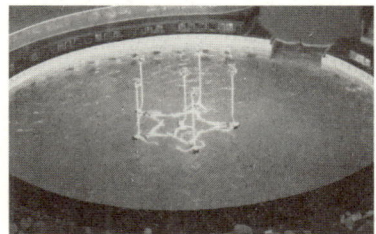

수중교예

A 빙판위에서 재주를 보이거나 물속에서 재주를 보이기도 하는데, 이 같이 출연하는 장소, 무대형태에 따라서 공중교예, 지상교예, 빙상교예, 수중교예 등으로 구분한다.

빙상교예는 빙상무대에서 스케이트를 신고 진행하는 교예이다. 빙상교예에는 빙상조형교예, 빙상중심교예, 빙상손재주교예, 빙상전회교예 등 체력교예의 모든 형태들이 있다. 그러나 빙상교예는 모든 묘기가 스케이트를 신고 진행된다는 제약이 있지만 달리는 스케이트의 속도감에서 오는 시원스럽고 경쾌한 모습으로 체육적인 감흥과 예술적인 감흥을 준다고 평가한다.

이러한 교예공연이 가능하기 위해서는 기본적인 시설을 갖추어야 하는데, 평양교예극장은 교예전용극장으로서 공중교예를 비롯하여 수중교예 등의 다양한 교예공연이 가능한 전용극장이다.

Q066 곰이 권투하는 것도 있던데?

A 동물들이 등장하는 교예는 동물교예라고 하여 별도의 교예 종목으로 구분한다.
동물교예란 조건반사로 형성된 동물의 행동과 재주를 기본으로 한 교예를 말한다. 즉 동물을 길들여 공연하는 것이다. 김정일은 동물교예에 관해서도 언급한 바 있는데 "동물교예도 하여야 합니다. 다른 나라들에서는 사자와 범, 코끼리, 곰, 원숭이를 비롯한 여러 가지 동물들을 가지고 동물교예를 많이 하고 있습니다. 한 때 우리 나라에서도 말타기 재주를 좀 하였는데 이제는 그것마저 줴버린 것 같습니다."라고 말하며 동물교예 육성을 강조하기도 하였다.

동물교예는 동물들을 길들여 그의 기능에 맞는 행동들을 개발시키고 훈련하는 방법을 이용한다.

먼저 동물이 사람과 친숙해지도록 하는 친화훈련 과정을 거친다. 이 과정은 동물이 자기주인을 알아보고 주인에 대한 방어반사를 무마시키는 과정이다. 다음은 복종훈련 과정을 거친다. 복종훈련 단계에서는 주인의 요구에 따라 움직이게 하는 훈련을 진행한다. 복종훈련과정에는 일반적으로

중심교예

동물들로 하여금 신호를 인식하고 긍정과 부인 상태를 식별하게 하는 훈련을 기본으로 한다. 동물을 움직이게 하는 신호는 동물에 따라 여러 가지 방법이 있다. 청각이 발달된 동물에게 는 소리를 적용하며, 시각이 발달된 동물에게는 행동신호를 기본으로 사용한다.

복종훈련이 끝나면 작품의 형상단계로 옮겨간다. 동물을 길들이는 방법에는 동물의 기능 상태와 작품의 형상적 요구에 따라 여러 가지가 있다. 대체로 먹이를 주고 칭찬해 주는 것을 기본으로 하는 애무적인 방법, 채찍과 강요로 길들이는 폭압적인 방법의 두 방법을 결합한 혼합방법을 쓴다.

동물교예는 여러 가지 종류로 나눈다. 동물의 먹이에 따라 육식동물(사자, 범)교예와 초식동 물(말, 코끼리)교예 및 잡식동물(곰, 원숭, 개)로 구분하며 동물의 크기에 따라 대동물교예, 소동 물교예로도 구분한다. 동물교예에는 코끼리나 사자와 같은 크고 사나운 짐승류와 마우스나 방울새와 같은 작고 약한 짐승류들, 뱀이나 악어와 같은 파충류와 비둘기나 앵무새와 같은 조류들, 물개, 물범 등의 바다 동물류에 이르기까지 땅과 하늘, 바다에 사는 많은 동물들이 이 용되고 있다.

평양교예단에서는 말을 이용한 교예를 전문으로 하고 있는데, 평양교예단에서 창작한 동물 교예로는 <말타기>, <말춤추기>, <곰권투>, <염소와 원숭이> 등이 있다.

말타기교예는 말을 타면서 여러 가지 동작을 보여주는 체력교예종목으로 민족 고유의 전 통에서 발전시켜 온 것이다. 말타기교예는 가장 오래된 교예형태의 하나이다. 말타기는 고구 려시기부터 무예의 한가지로 발생하여 마상재(말위에서의 재주)와 같은 교예적인 무예로 전해 져왔다. 말교예에는 대체로 말 위에서 수행하는 전회기교와 무동도립, 손재주 등의 체력교예

동작들로 이루어지는 형태들이 있으며 이밖에 말춤추기와 말과 마차를 이용하는 여러 가지 말타기 종목들도 있다. 말타기교예는 사람들의 체력을 향상시키고 그들에게 용감성과 투지를 키워주는데 이바지한다. 북한에서는 <달리는 말우서의 재주>, <말춤추기>, <말우에서의 손재주> 등 여러 편의 말타기교예 작품들이 창조되었다.

고난이도의 묘기를 선보이는 교예단

널뛰기도 교예의 한 종목인가?

평양교예단의 서울공연에서 관심을 모았던 종목 가운데 하나가 민족교예들이었다. 민족교예란 널뛰기, 밧줄타기, 말타기 등의 민속놀이를 교예의 종목으로 받아들여 현대적 교예작품으로 만든 것을 말하는데, 북한에서는 체력교예의 한 종목으로서 민족교예를 발전시켜 왔다.

긴장된 표정으로 공연을 관람하는 관람객들

북한에서 민족교예가 발전하게 된 것은 사회주의적 내용에 민족적 형식을 결합시켜야 한다는 당의 방침에 따라 전통 민속놀이를 발굴하여 교예 종목으로 발전시켰기 때문이다.

북한은 교예가 오랜 역사적 기원을 가지고 있으며, 그 종류도 다양하게 발전하였다고 평가한다. 교예의 역사성은 고구려 때의 <마상제>(말위에서의 재주)와 <호선무>(공위에 올라서서 공을 굴리며 추는 춤), 신라의 최치원이 쓴 『향약잡영』에 여러 가지 탈놀이들과 함께 <금환>이라는 공다루기재주, <월전>이라는 사회풍자적인 교예사이극, 백제 때의 겨누기나 창다루기, 고려 때의 작다차기(참대를 공중틀에 가로 놓고 그 위에서 높은 기교로 재주를 부리며 걸어다니는 중심교예), 밧줄타기(팽팽하게 당겨진 밧줄 위에서 걷거나 솟구치는 동작) 등을 예로 들고 있다.

북한에서는 이러한 전통 아래 교예를 체육, 문화적으로 발전시키는 과정에서 널뛰기, 그네뛰기, 말타기, 밧줄타기 등 북한 주민들에게 사랑받아온 민속놀이들을 취미와 기호에 맞게 교예작품으로 만들었다고 한다. 이렇게 민속놀이를 교예화한 작품으로는 <공중날기>, <널뛰기교예>, <3인그네조형>, <2중그네>, <밧줄타기> 등이 있다.

<널뛰기교예>는 1957년에 평양교예단에서 창작한 작품으로 민속놀이인 널뛰기를 기본으로 하고 있다. 60cm 높이의 틀 위에 놓인 길이 4m의 널을 뛰면서 다양한 동작과 무동쌓기를 보여준다. <널뛰기교예>에서 보여주는 고도의 테크닉으로는 몸펴고 뒤로 3번 돌기, 4층무등쌓기 등이 있다. 이 작품은 1984년 런던에서 진행된 세계교예선수권대회에서 1위를 차지하기도 하였다.

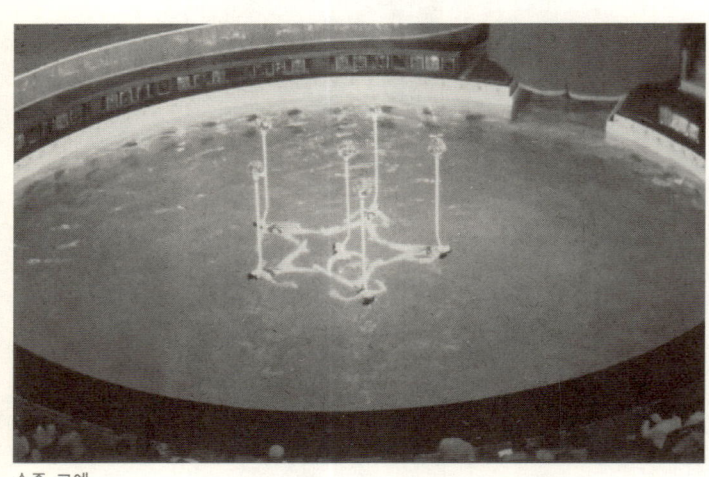

수중 교예

줄타기교예는 허공에 매놓은 섬유줄 혹은 쇠줄을 타고 다니면서 무동을 쌓거나 전희동작을 수행하는 중심 교예종목중의 하나로 줄타기교예 역시 전통 민속에서 발전시켜 온 교예로 보고 있다. 북한의 줄타기교예 작품들로는 연공들의 생활을 반영한 작품인 <연공들>을 비롯하여 <줄우에서 자전거타기>, <줄우에서 중심잡기>, <사선줄타기> 등이 있다. 특히 <줄우에서 자전거타기>는 1981년 프랑스에서 진행된 세계교예축전에서 1등상을 받았다.

178

Q 068 교예배우들도 인기가 높은가?

A 북한에서는 교예도 당당한 예술로 높이 평가되고 있기 때문에 교예배우들도 인기가 높다. 북한을 대표하는 교예배우로는 평양교예단 부단장인 인민배우 김유식, 평양교예단 창작조 과장이며, 교예연출가 교예평론가인 박소운, 세계교예선수권 보유자이면서 평양교예단 남자교예지도원인 김상남, 교예부분 첫 인민배우 김봉애 등이 대표적인 인물이다.

마술분야에서는 북한 최초의 마술가로 2001년에 결성된 '조선요술협회' 초대 회장인 노력 영웅 김택성, 정애심, 김광석 등이 북한을 대표하는 교예예술가들이다. 최근에는 청년중앙예술선전대의 요술배우 허정철 씨를 비롯하여 평양교예단의 공중그네 배우 길은혜 씨 등이 교예 분야에서 주목받는 인물이다.

평양교예단의 인민배우 강정숙

세계선수권보유자인 공훈배우 김춘애

제2부 북한 대중문화와의 만남

Q069 교예연출가나 교예평론가라는 직업도 있는가?

A 그렇다. 남한에서야 교예연출이나 교예평론이라는 직업을 들어본 적이 없을 것이다. 그만큼 교예는 사양산업으로 인식되어 있다. 그러나 북한에서는 교예배우 뿐만 아니라 교예연출가나 교예평론가라는 직업이 있다.

교예분야에 대한 혁명사적을 전시한
문화성 혁명사적관 전시실

북한에서는 예술분야에 종사하게 되면 그 분야에서 인민들에게 봉사하다 퇴직한다. 교예배우의 경우에는 현역 배우로 활동하는 경우도 있지만 배우가 아닌 연출이나 평론가로 활동하기도 한다. 또한 배우로서 나이가 들거나 몸을 다치면 평론가로 활동하기도 한다.

Q&A 남북문화교류

Q 070 애니콜 광고에 나왔던 조명애씨의 인기는 어느 정도 인가?

A 부산 아시안 게임에 북한 팀이 참여하면서 큰 관심을 모았다. 북한 선수단도 선수단이었지만 응원단의 인기는 폭발적이었다. 북한하면 떠오르는 칙칙하고 어두운 이미지를 뒤엎은 북한 응원단은 청순한 외모와 당찬 응원으로 화제가 되었다.

이 응원단원 가운데서도 조명애씨는 단연 한국 남성들의 가슴을 설레이게 하였다. 청순한 이미지로 인기를 모은 이후 팬까페까지 생겨났고, 이효리와 함께 애니콜 광고에 나오면서 많은 관심을 모았다. 현재는 남북이 공동으로 진행 중인 드라마 사육신에도 출연한다고 한다. 북한 배우가 남쪽에서 이렇게까지 인기가 높았던 적은 없었던 것 같다.

남쪽에서 유명해졌다고 해서 북쪽에서도 인기가 높을 것이라는 등식은 성립하지 않는다. 상황이 다르기 때문이다.

개인의 생활보다는 조직의 생활이 중요한 것은 예술인의 경우에도 예외가 아니다. 남한의 경우에는 스타 한 사람을 키우기 위해서 기획이나 마케팅이 이루어지지만 북한은 남한처럼 스타에 의존하는 시스템이 아니라 그저 한 예술단체의 조직원이라는 인식이 강하기 때문이다.

응원단 일행으로 남쪽에 왔을 때와 남북공동행사장의 조명애

Q 071 북한 가수들의 노래를 들어보면 비슷비슷한 것 같은데, 무슨 이유라도 있나?

A 있다. 북한에서는 배우들의 창법은 고음의 맑은 음색을 띤다. 곡조도 지나치게 빠르지 않다. 북한 음악에서 랩이나 락 버전의 노래를 들어 본 적은 없다.

북한 음악이 이런 특성을 보이게 된 것은 민족문화에 대한 평가 때문이다. 북한의 문화정책은 기본적으로 민족문화의 전통 위에 사회주의의 내용을 담는 것을 원칙으로 한다. 이것이 북한이 말하는 '민족적 형식에 사회주의적 내용'을 담는 것인데, 이 문화정책의 원리는 북한 정권 수립 이후 한 번도 변화된 적이 없다.

그런데 문제는 '어떤 것이 민족 문화인가?' 하는 점이다. 남한의 경우 민족문화를 다양성의 측면에서 접근한다. 민요의 경우에도 지역별로 구분하고, 창자나 기법별로 분류한다. 그래서 민요의 창자를 소개할 때 반드시 어느 스승에게 배웠는지를 밝힌다.

반면 북한에서는 유일한 정통성을 강조한다. 많은 전통소리 가운데 문화유산으로 받아들여야 할 음악은 무엇이며, 그 특성이 무엇인지가 중요하다. 이렇게 결정된 민족적 특성 인자를 현대적 감각에 맞추어 노래로 만든다. 북한 음악의 음색이 비슷한 것은 이런 이유이다.

Q 072 북한 노래하면 〈휘파람〉이나 〈반갑습니다〉가 먼저 떠 오르는데 북한 노래로 남한에 알려진 노래로는 어떤 것이 있는가?

A 남한에 소개되는 북한 노래도 유행이 있는 것 같다. 남한에 소개되면서 첫 반향을 일으켰던 노래는 아무래도 〈휘파람〉일 것이다. 남한에서 리메이크 하면서 인기를 모았었고, 지금도 북한의 대표적인 생활가요로 알려져 있다.

2000년 이후에는 〈반갑습니다〉와 〈다시만나요〉가 많이 알려졌다. 이 노래는 남북 교류가 활발해지면서 행사의 시작과 마무리 곡으로 많이 부르면서 널리 알려졌다. 이후에는 〈아리랑〉 공연을 계기로 하여서 〈우리는 하나〉 등의 노래가 많이 알려졌고, 최근에는 〈심장에 남는 사람들〉, 〈아직은 말못해〉, 〈도시처녀 시집와요〉, 〈토장의 노래〉 등도 많이 알려졌다.

북한 노래가 알려지는 경위는 대체로 남북 교류를 통해 북한 노래가 소개되는 것이 일반적이다. 사회문화 분야의 교류가 활성화되면서 남북이 자리를 같이 하게 되고, 남북이 같이 모이면 당연하게도 노래가 불려지고, 이를 통해 자연스럽게 알려진다. 금강산 관광도 북한 노래를 접할 수 있는 기회가 된다. 금강산의

안내원이나 호텔 복무원들을 통해서 소개가 된다.

<심장에 남는 사람들>은 2002년 9월 평양 류경정주영체육관 개관기념 통일음악회에서 조용남이 멋지게 불러서 화제가 되었던 곡이기도 하다. 금강산이나 북한을 방문할 기회가 있다면 안내원에게 정중하게 요청해보라. 복무원들의 아리따운 목소리로 들을 수도 있다.

참고로 가사는 다음과 같다.

인생에 길에 상봉과 이별
그얼마나 많으랴
헤어진데도 헤어진데도
심장속에 남는이 있네
아 그런 사람 나는 못잊어

오랜세월을 같이있어도
기억속에 없는이 있고
잠깐만나도 잠깐만나도
심장속에 남는이 있네
아 그런 사람나는 귀중해

인생에 길에 상봉과 이별
그얼마나 많으랴
헤어진데도 헤어진데도
심장속에 남는이 있네
아 그런 사람 나는 못잊어

Q 073 최근 북한에서 최고의 곡으로 평가하는 노래는?

A 2000년 이후 북한에서 최고의 명곡으로 평가하는 노래는 <어디에 계십니까 그리운 장군님>이라는 노래다. 혁명적 동지애에 기초한 노래로서 '21세기에도 영원히 불려야 할 노래'라는 평가를 받고 있다.

<어디에 계십니까 그리운 장군님>은 21세기 명곡으로 평가받고 있지만 최근에 만들어진 노래는 아니다. 수령옹위 주제의 가장 대표적인 곡으로 언급되는 이 노래는 북한의 3대 혁명가극의 하나인 <당의 참된 딸>의 주제가이다. 정치적으로 이 노래는 수령결사옹위 정신을 잘 반영하였다는 평가를 받고 있다.

이런 평가를 받는 것은 <당의 참된 딸>의 내용 때문이다. <당의 참된 딸>은 '6·25전쟁'시 부상병들을 헌신적으로 치료하다 폭격으로 숨진 강연옥이라는 실제 인물을 소재로 한 작품으로 죽어서도 당과 수령을 믿고 따른다는 주제를 담고 있다. 또한 김정일 국방위원장이 직접 작사한 작품인데, 북한에서는 김일성 주석이나 김정일 국방위원장이 직접 창작한 작품에 대해서는 '불후의 고전적 명작'이라고 부르며 최고의 작품으로 평가 한다

'어디에 계십니까 그리운 장군님'이 주제가로 불리는 혁명가극 <당의 참된 딸>

북한에서 가장 많이 불려지는 노래라면 어떤 노래가 있는가?

남한의 경우 한 시대를 풍미한 가수나 노래가 있다. 매년 그 해의 인기곡에 대한 시상식도 하고, 특별한 해를 맞이하여 설문조사를 하여 순위를 발표하기도 한다. 그리고 대중적으로 인기를 모은 가수에 대해서는 '국민가요'라는 별칭을 붙이기도 한다.

북한에서 가장 많이 불려진 노래는 무엇일까? 단연코 확언하건대, <김일성장군>의 노래일 것이다. 북한 가요에서 명곡으로 꼽히 가요를 꼽자면 <조선의 별>, <김일성 장군의 노래>, <동지애의 노래>를 들 수 있다. 이중에서도 가장 널리 불리는 노래가 <김일성 장군의 노래>이다.

<김일성 장군의 노래>는 이른바 혁명송가로서 1946년 7월에 리찬이 작사하고 김원균이 작곡하였다. 북한 최고 작곡가의 한 사람인 김원균은 해방직후 김일성의 환영대회에서 김일성의 연설을 듣고 김일성에 대한 송가를 지어야 겠다는 결심을 하고 이 노래를 지었다고 한다. 북한에서는 통상 행사 시작 때는 <김일성장군의 노래>를 부르고, 끝날 때 <김일성수령만수무강을 축원합니다>를 부르며, <애국가>는 대체로 대외관계 행사 때 관현악으로 연주되는 경우가 많다. 최근에는 <김정일 장군의 노래>를 많이 부른다. 예전에는 <조선의 별>,

<김일성 장군의 노래>, <동지애의 노래>를 3대 가요라고 하였는데, 요즘에는 <동지애의 노래> 대신에 <김정일 장군의 노래>를 포함하여 '3대장군'이라고 한다.

1990년대 북한 주민들 사이에서 최고 인기곡은 <휘파람>이었고 <휘파람>이 남성의 심정을 고백한 노래라면 <아직은 말 못해>는 여성의 입장에서 사랑을 고백하지 못하는 감정을 표현한 곡이다. 결혼식 피로연에서는 <축배를 들자>가 공식가요처럼 불린다.

2000년 이후에는 '아리랑'이 붙은 노래들이 많이 불렸다. 2000년 이후 '아리랑'이라는 이름이 붙은 민요풍의 노래가 창작되어 보급되고 있는데, 가운데 <통일경축의 아리랑>과 <강성부국 아리랑>은 국가적 차원에서 널리 장려되고 있는 노래이다.

음악을 통한 고난 극복의 일환으로 생활 속의 노래와 인민군 예술단체의 활동이 크게 늘었다.

Q 075 만약에 북한 노래를 남한에서 취입한다면 어떤 노래가 인기가 있을 것 같은가?

A <휘파람> 같은 곡은 이미 상당한 인기를 모았던 곡이다. 남한에서 통할 수 있는 북한 노래는 아무래도 생활가요가 중심이 되지 않을까 싶다.

북한에서 말하는 소위 불후의 고전적 명작을 노래한 가요로는 <조선의 노래>, <꽃파는 처녀>, <어디에 계십니까 그리운 장군님>, <진달래> 등이 있고, 혁명가요로는 <인민주권가>, <적기가>, <녀성해방가>, <응원가> 등이 있다. 예전에 창작되었으나 인기를 누리는 작품으로는 <지새지 말아다오 평양의 밤아>, <행복한 내 나라>, <새날의 청춘>, <젊은 기관사> 등이나 <강성부흥 아리랑> 같은 노래가 있지만 정서상 남북이 통하기는 쉽지 않을 것 같다.

민요조를 기본 바탕으로 하여 <반갑습니다>, <우리는 하나>, <도시처녀 시집와요>, <축배를 들자>, <내나라 제일로 좋아>, <녀성은 꽃이라네>, <아직은 말 못해>, <축복하노라>, <심장에 남는 사람들> 같은 노래가 통할 수 있지 않을까 싶다.

2007년 남한의 (주)유비엔터테인먼트에서는 북한의 저작권 교류 사업을 통해 북한의 가요 열편을 남한 가수들이 부른 통일음반 '동인'을 제작하였다. '동인'에는 <반갑습니다>, <우리는 하나>, <내나라제일로 좋아>, 심장에 남은 사람>, <여성은 꽃이라네>, <아직은 말 못해>, <휘파람>, <생이라 무엇인가>, <감차깍두기 노래>, <자장가>가 수록 되었다.

Q 076 독일 통일의 경험을 본다면 남북 문화이질화에 어떤 시사점이 있는가?

A 남북의 분단은 이제 60년을 넘은 오랜 세월의 문제가 되었다. 30년을 한 세대로 삼아도 두 세대가 흐른 시간이고, 20년을 한 세대로 잡는다면 삼대가 흐른 시간이다. 그 사이에 남북의 문화는 정치체제만큼이나 다른 나름대로의 길을 걸어왔다. 바로 이 점이 오늘날 남북한의 이질화를 이야기하는 계기가 되고 있다. 남북의 경우를 독일에 비추어 보는 경우가 많다. 아마도 분단 국가로 갈라져 있다가 통일을 이루었다는 점에서 여러 가지로 비교대상이 된다. 그러나 남북의 경우는 독일과는 근본적인 차이가 있다고 생각한다. 바로 분단이전의 남북한이 공유한 공동체적 삶이 없다는 것이다. 남북의 분단은 통일되었던 국가가 둘로 나누어진 경우가 아니다. 비정상적으로 진행된 일제의 강점 기간 동안 근대화가 진행되면서 분단이라는 상처를 입었다. 이는 근대 국가를 형성하였다가 분단된 독일의 경우처럼 통합에 대한 구체적 모델이 없다는 근본적인 차이가 있다. 통일에 대한 구체적인 상이 없다는 것은 다른 문제라는 인식이 필요하다.

077 통일을 위한 문화교류에서 북한 문화를 어떤 시각으로 보아야 하는가?

A 우리의 것으로 우리의 시각으로 이해하고 재단하지 않는 것이다. 그 동안 북한에 대한 접근은 철저히 우리의 시각으로 이루어졌다.

북한에 대한 이해의 노력은 1980년대를 지나면서 비로소 시작되었다. 그나마 북한문화의 특성을 이해하기 보다는 남북 대화의 전략적 차원에서 지피지기(知彼知己), 즉 적을 알고 나를 알자는 것에서 시작되었다. 그 또한 같은 점을 찾기보다는 다른 점을 찾는 것에서 시작되다 보니 차이점이 확대되고 부연되면서 적지 않은 편견을 낳게 되었다.

편견을 바로잡기 위해서는 서로에 대한 이해가 필요하다. 북한을 볼 때 틀림이 아닌 다름의 시각이 필요하다. 북한을 이야기하면서 예컨대, '창작의 자유가 있느냐', '종교의 자유가 있느냐'는 질문 같이 북한과 관련된 문제에 있어 '있느냐', '없느냐'의 이분법적인 사고는 북한을 바라보는 시각 또한 이분화 시킨다.

이는 비단 북한에 대한 문제만은 아니다. 우리 일상생활에서도 다르다는 문제는 곧잘 틀리다는 말로 대치되곤 한다. 그러나 옳고 그름을 의미하는 '맞다', '틀리다'는 말과 차이를 의미하는 '다르다'는 말은 분명 구분된다. 그럼에도 불구하고 나와는 다른 것을 틀린 것으로 인식하려는 태도가 다양성을 인정하기보다는 적과 나를 가르고 적대감을 키워내는 것은 아닐까.

남북한 문제에서도 이제는 '맞다, 틀리다'에서 '다르다'의 문제로 전환되어야 할 것이다. 그래서 남북이 '어떻게' 다르며, '얼마나' 달라졌는지, 왜 그런 차이가 생겼는지를 고민하고 실마리를 풀어가야 할 것이다. 남북한의 이질화는 남북한이 함께 가야할 출발지이지 목적지는 아니기 때문이다.

제3부

남북 문화의 흐름과 소통

- 남북의 문화 소통은 가능한 일인가
- 남북 문화교류 어디까지 어떻게 왔나
- 남북 문화교류의 한계는 무엇인가
- 남북 문화교류 앞으로 어떻게 될까
- 남북 문화교류 어떻게 풀어야 하나
- 다시 남북 문화교류를 돌아보다

남북은 상호 엇갈림을 반복하면서 서로에 대한 이해의 폭을 넓혀나갔고, 장기적으로 미래를 보기 시작하였다. 짧지 않은 시간이 만들어 준 이해의 시간이었다. 상당한 분야에서 자연스럽게 협상전문가들이 만들어 졌다. 남북교류의 상당한 토대가 마련된 것이다. 남북의 문화교류가 원래의 목적에서 벗어나지 않으면서 구체적인 성과로 이어지기 위해서는 남북관계의 장기적 전망 속에서 문화교류 추진 계획이 마련되어야 할 것이다.

남북의 문화 소통은 가능한 일인가

남북의 만남이 잦아지면서 문화의 교류도 자연스럽게 확대되고 있다. 남북 교류를 위하여, 혹은 사업을 위하여, 혹은 관광을 목적으로 남북을 오가는 사람들이 만 명을 넘어섰다. 북한 핵문제 등의 정치적인 이유로 때로는 교류가 끊어지기도 하였지만 이제는 남북관계의 완전한 단절은 먼 이야기가 되어 버렸다.

금강산 관광이 열린 이래로 북한을 방문하는 일은 더 이상 낯선 일이 아니다. 금강산에서 해수욕을 즐기고, 개성공단으로 향하는 차량 행렬이 줄을 잇고 있다. 그렇다면 남북의 문화 교류는 얼마나 확대되고 발전되었을까?

눈에 보이는 행사는 많이 줄었지만 속 깊은 교류가 꾸준히 이어지고 있다. 이전처럼 방송이나 언론의 주목을 받던 행사는 많이 보이지 않지만 북한의 문화를 인정하고, 공식적인 창구를 통해 교류되고 있다. 「황진이」 같은 하지만 북

남북농민대회에서 이야기를 나누는 농민들

한의 서적들이 저작권 협력을 통하여 남한 출판사를 통해 출판되었고, 영화로도 만들어 졌다. 또 북한의 노래를 남한 가수들이 부른 '동인'같은 음반도 나왔다. 한때 시사프로그램에서나 접할 수 있었던 북한 문화에 대한 소식도 연예방송에서 소개되고 있다. 이제 방송을 통해 북한 문화를 접하는 것은 그리 어려운 일이 아니다.

다양한 교류에도 불구하고 남북교류가 충분한 성과를 거두었다고 말하기는 아직 어렵다. 외적인 성과와 달리 남북 문화교류가 목적하는 남북 문화에 대한 깊은 이해나 동질감 회복은 아직 진행 중인 과제로 남아 있다. 또한 제도화된 합의나 장기적인 교류의 발판이 마련된 것도 아니어서 장기적인 교류를 지속할 수 있는 기반이 마련된 것은 더욱 아니다. 남북 사이의 문화교류는 이제 막 걸음마를 시작한 단계에 있는 만큼 본격적인 교류를 위해 풀어나가야 할 과제는 아직 많이 남아 있다.

남북공동행사에 참여한 남북여성인들

2000년 이후 상당히 폭넓은 교류가 이루어졌다는 느낌에도 불구하고 교류의 기반도 마련하지 못한 것은 문화교류에 대한 충분한 사전 준비가 이루어지지 못하였고, 장기적이고 치밀한 계획에 의해 추진되기보다는 행사 중심으로 이루어졌기 때문이다. 남북 정상의 만남으로 시작한 남북교류는 그야말로 극적으로 교류가 시작되었고, 교류에 대한 충분한 준비가 이루어지지 못했다.

교류의 필요에 대한 논의는 활발하였지만 막상 어떻게 시작해야 하는 지는 준비가 충분하지 못하였다.

　남북은 서로를 잘 안다고 생각하였지만 실제는 그렇지 못하였다. 생각지도 않았던 부분에서 차이를 느꼈고, 어떻게 풀어 나가야 할 지 모르는 시행착오를 겪었다. 때로는 남북의 문화적 생소함은 서로에 대한 불신을 증폭시키는 부작용도 있다. 남북교류를 진행했던 많은 단체들이 역시 나름대로의 방법과 창구를 통해 사업을 추진하였고, 결과를 장담하였지만 처음 계획대로 진행되었던 경우는 많지 않았다. 잘 준비하고 진행된 경우도 있었지만 지속적으로 논의되지 못하고 단기적으로 끝나거나 실천으로 옮기지도 못하고 무성한 논의만 오고갔던 경우가 훨씬 많았다.

　남북관계가 정치적 안정성을 확보하지 못한 까닭에 문화교류도 정치나 경제의 영향을 직접적으로 받았다. 문화교류를 위한 교류 창구나 기본협정도 이루어지지 않았다. 우선적으로 사업의 가시적 효과가 높은 행사를 중심으로 진행되었다. 남북 관계 개선의 상징적인 측면이 강조되는 뒤편으로 교류의 대가 문제가 제기되었다.

　다행스러운 것은 그 실패사례들이 남북관계 진전의 디딤돌이 되었다는 점이다. 남북은 상호 엇갈림을 반복하면서 서로에 대한 이해의 폭을 넓혀나갔고, 장기적으로 미래를 보기 시작하였다. 짧지 않은 시간이 만들어 준 이해의 시간이었다. 상당한 분야에서 자연스럽게 협상전문가들이 만들어 졌다. 남북교류의 상당한 토대가 마련된 것이다. 남북의 문화교류가 원래의 목적에서 벗어나지 않으면서 구체적인 성과로 이어지기 위해서는 남북관계의 장기적 전망 속에서 문화교류 추진 계획이 마련되어야 할 것이다.

남북 문화교류 어디까지 어떻게 왔나

남북 문화교류는 적지 않은 시행착오에도 불구하고 2000 이후의 남북 문화교류를 평가 한다면 일단은 긍정적인 평가를 내릴 수 있다. 무엇보다 서로에 대한 많은 이해의 공감대가 형성되었다는 점이다. 비록 '남북문화교류협정'이나 '문화교류위원회' 같은 제도적 기반이 이루어진 것은 아니지만 남북관계를 풀어나갈 인적 네트워크나 문화교류에 대한 필요성과 공감대를 일정 정도 형성하였고, 전문가 인력 풀도 어느 정도 마련되었다고 할 수 있다. 이런 성과를 제한적으로 평가하는 이유는 문화교류가 준비부족과 충분한 시스템이 갖추어지지 않아 행사가 취소되거나 지연되는 등의 한계를 나타내었던 불안정성이 여전하기 때문이다.[25]

남북의 문화적 이질감도 감소되기보다는 오히려 확산되면서 남남 갈등의 원인이 되기도 하였다. 금강산 관광객이었던 민간인 억류사태, 행사진행요원의 표현을 둘러싸고 빚어진 남북이산가족 상봉행사의 지연, 합의된 사항의 불이행 등은 남북의 오해를 깊게 하는 사건들이었다. 이러한 돌발변수들은 일시적으로 남북 간의 정상적인 관계 발전에 장애를 초래하였으며, 결과적으로 대북정책을 둘러싼 남남갈등으로 표출되기도 하였다. 그러나 이러한 과정은 남북 교류에서 겪어야 불가피한 측면이기도 하다.[26]

[25] 이우영·최수영, 『한국 NGO 통일운동의 실태와 한계』(한국행정연구원, 2002)
[26] 한홍렬 편, 『한반도와 동북아 : 갈등과 협력의 정치경제』(한양대학교 출판부, 2003), pp. 215-252

어떤 국가이든 간에 새로운 관계가 시작되면 정상적인 관계로 발전하기 위한 과정을 거치기 마련이다. 특히 문화적인 측면에서는 이러한 갈등과 시행착오가 분명하게 나타나기 마련이다. 한국과 중국이 수교한 이후 조선족과의 관계 역시 적지 않은 시행착오를 겪었던 기억이 있다. 모국에 대한 그리움으로 한국과 조선족 사이에는 과잉의 친밀도 있었다. 객관적인 검증을 거쳐야 할 과정을 생략하면서 민족적 동질성에 기대어 많은 것을 신뢰했었다. 시간이 흐르면서 서로에 대한 차이를 느끼게 되었고, 불신의 골은 깊어 졌다. 서로가 서로에 대하여 객관적으로 이해하기 시작한 것은 대체로 10년 정도의 시간이 지날 무렵이었던 것 같다. 서로의 차이를 특성으로 이해하면서 객관적으로 이해하기 시작하였다. 문화적 차이를 신뢰의 척도로 보았던 문화적 시차가 해소된 것이다.

남북관계도 그런 것 같다. 남북이 교류를 시작한 지 5,6년이 지나면서 서로의 특성을 이해하기 시작한 것 같다. 이 또한 눈에 보이지 않지만 남북교류의 대단히 소중한 성과라고 할 수 있다. 물론 이러한 시행착오를 얼마나 잘 활용할 수 있는가에 달려 있는 문제이기는 하지만 말이다. 그 동안 남북 사이에서 진행되었던 교류 과정에서 나타난 특성을 정리하면 다음과 같다.

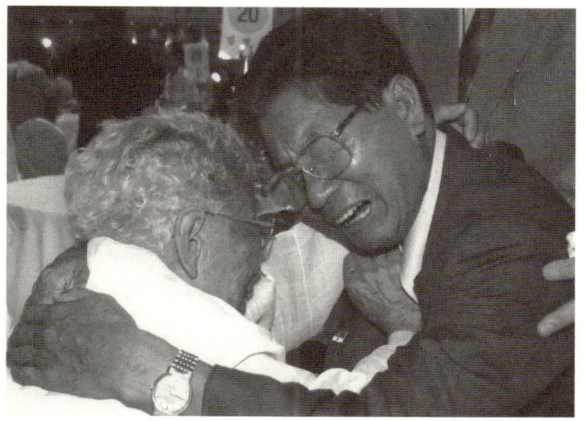

남북이산가족 상봉

남북작가대회

첫째, 남북교류의 범위가 크게 확대되었다. 예전의 경우 문화 교류는 작품 중심으로 진행되었으며, 교류 내용에서도 이념성을 배제하였다. 그러나 남북정상회담 이후에는 인적 교류를 중심으로 예술, 청소년, 여성, 학술, 민속 등으로 확대되었다. 아직까지 이념적인 분야까지 진행되지는 못하였지만 교류의 폭은 크게 확대되었다.

둘째, 남북교류의 장소가 제3국에서 남북으로 옮겨졌다. 과거의 경우 중국, 일본이나 미국 등 해외지역을 통한 교류가 중심이었으나 정상회담 이후 남북한의 직접 교류로 옮겨지고 있다. 교류의 장소가 현지로 바뀌면서 자연스럽게 남북한을 방문하는 인적 교류가 확대되고 있으며, 이로 인한 내적 영향력이 커지고 있다. 특히 부산 아시안게임의 북한 응원단은 사실상 처음으로 다수 대중을 상대로 한 문화접촉의 기회를 넓혔다는 의미가 있다.

셋째, 교류형식에 있어서 방송·언론과 결합하는 형태가 많았다. 방송·언론의 경우 파급적인 효과가 크며, 문화 분야의 교류 체험을 확대한다는 점에서 긍정적이라고 할 수 있다. 그러나 상대적으로 이는 문화 교류가 아직 상징적 차원에서 이루어지고 있음을 의미한다. 분야별로 실질적으로 이루어지지 못하고 행사중심으로 진행되고 있음을 의미한다.

넷째, 자본의 영향력이 커졌다. 자본에 의해 교류 자체가 성사되기도 실패되기도 하였다. 대표적인 사례가 남북정상회담 직전에 추진되었던 '평양국제음악회'이다. 북한 조선아시아태평양평화위원회와 CnA 코리아는 2000년 4월 5일 평양과 서울에서 공연하기로 합의하고 공연을 추진하였다. CnA코리아는 평양 공연의 대가로 100만 달러(한화 약 12억원)를 지급키로 한 합의에 따라 이미 100만 달러를 북측에 지급하였으나 서울 공연은 공연일정 확정 후에 지급한다는 CnA코리아의 입장과 서울공연의 대가를 우선 지급할 것으로 요구하는 북한의 입장이 팽팽히 맞서 결국 무산되었다. 교예단이나 교향악단의 공연 등 기업 방송사가 참여하는 공연에서도 상당한 대가가 지급되어 공연에 대한 상업적 측면이 지나치게 확대되고 있다는 지적을 받기도 하였다.

서로에 대한 관심은 남북교류를 위한 기초이다

남북 문화교류의 한계는 무엇인가

2000년 이후 2005년까지 남북 문화교류는 양적인 측면에서 성공하였지만 질적인 면에서는 몇가지 문제점을 드러냈다. 남북 문화교류의 문제점으로 지적할 수 있는 것은 다음과 같다.

첫째, 문화교류의 정치적 예속이 심화되었다는 점이다. 남북장관급회담에서 합의하였던 '남북문화협력분과회의 구성' 문제의 경우 남북 문화교류의 가장 기본적인 조직임에도 불구하고 2003년 남북장관급 회담에서 합의한 이후에도 북한 핵문제 해결을 위한 6자 회담에 밀려 아무런 논의도 이루어지지 못하고 있다.

그 동안 진행된 남북 문화교류는 정치적인 상황과 밀접하게 연계되어 있었다. 북한의 문화개방의지도 불확실하다. 인도적인 사업이나 경제협력사업의 경우 과거에 비해 정치적 영향력이 젖어지기는 하였지만 여전히 정치적 예속력이 크게 작용하고 있다. 문화 분야의 교류에서 정치적 영향력이 큰 이유는 외면적으로는 민간차원으로 이루어지고 있으나 일정 규모 이상인 경우에는 정부와 관련 있는 기관에서 참여하는 경우가 많기 때문이다. 정치에 대한 문화교류의 예속성을 지양해야 하며, 상업적인 목적에 의해 의미가 희석되어서도 곤란할 것이다. 무엇보다도 문화교류는 문화자체가 중심이 되어야 하고, 통일에 대한 전 국민적인 공감대를 형성한 가운데 민족동질성회복이라는 거시적인 차원에서 진행되어야 한다.

둘째, 단절적이고 이벤트적인 사업이 많았다. 해가 바뀌면서 차수를 달리하여 정기적으로 진행되는 문화교류보다는 기관장이나 담당자가 교체되면서 교류의 성격이 달라지는 경우가 많았다. 문화교류를 추진하는 남한의 단체는 많은데 비하여 북한은 상대적으로 창구를 확대하지 않아 교류추진 단체의 비율에서 큰 차이가 나고, 이로 인해 경쟁적으로 사업을 추진하게 되면서 경제적 대가 문제가 유발되고 있다.

셋째, 남북문화교류를 추진하는 과정에서 투명성이 확보되지 않았다. 남측의 경우 문화교류와 방북사업이나 공연을 하면서 사전 협의내용이나 과정이 제대로 공개되지 않으며, 과다 비용 지급도 문제가 되기도 하였다. 이러한 문제는 장기적으로 남북교류의 추진 주체가 민간단체, 시민운동과 연계되어 통일운동으로 전환될 때, 장애요인이 될 수 있다. 따라서 문화교류 과정에서 발생하는 문제점을 보다 본질적으로 해소할 수 있는 접근이 필요하다. 남북 문화교류에 있어 대국민 설득을 통한 국민적 합의기반 형성을 위해 개방적 정책수립체계를 구축하고 대북정책의 공론화를 지향, 정책의 투명성을 강화해야 한다. 통일정책 환경의 변화, 정책의 투명성 확보, 정책효율성 제고와 국민참여의 확대라는 측면에서 통일정책 거버넌스의 필요성을 강조하기도 한다. 이에 따라서 "공공 및 사적 개인들과 제도들이 통일이라는 공공 목적을 달성하기 위하여 북한과 관련되는 정책이나 활동, 역할 등 자신들의 공통적인 업무를 관리하고, 자원을 통제하고 권력을 행사하는 무수한 방법의 집합이며, 갈등적인 이해나 다양한 이해관계들이 수용되면서 상호협력적인 행동이 취해지는 과정"으로서 통일정책 거버넌스의 개념이 제시되기도 하였다.[27]

---

27 여인곤 외, 『정보화시대 통일정책 거버넌스 개선방안』(통일연구원, 2004), p. iv.

넷째, 인적 교류의 제한성 문제이다. 남북교류에서 남한인의 북한 방문이 크게 급증한 것과 달리 북한에서 남한을 방문한 경우는 상대적으로 적었다. 이는 무엇보다 폐쇄적인 정책에 따른 것으로 남북교류에 임하고 있는 북한의 수동적인 태도를 엿볼 수 있다. 북한은 문화예술 분야를 사상통제의 중요한 기제로 인식하고 이른바 '모기장'이론을 도입하여 폐쇄적인 정책을 강력하게 추진하고 있으며, 이러한 정책변화는 남북교류가 활성화 되어도 상당 기간 동안 유지될 것으로 전망된다. 단기간 내에 북한 주민의 남한 방문은 획기적으로 증가하지는 않을 것이다. 그러나 남북의 직접적인 교류가 확대되면서 북한인의 남한 방문도 점차 증가할 것으로 예상된다.

다섯째, 남북 문화교류에 대한 제한적 확산이다. 2000년 이후 2005년까지 대북정책은 정책의 추진과정에서 국민적 합의를 이끌어내지 못하였다. 남북관계에만 치중한 결과 대북 및 통일정책에 대한 사회의 이분법적 대립구도로 이어졌으며, 일부 제한된 단체를 중심으로 진행되면서 통일에 대한 긍정적인 여론 형성을 차단하지 못하고 남남갈등을 야기하였고, 통일운동이 제한된 일부에게 독점되는 통일에 대한 소외감을 형성하기도 하였다.[28]

방송의 경우 북한을 소개하는 프로그램은 많아지고 다양해졌지만 유사성과 일률적인 편성 태도에서 크게 벗어나지 않고 있다. 문화교류가 성과에 비하여 남북 문화교류에 대한 일반적인 확산에는 크게 기여하지 못하였다. 무엇보다 남북관계의 특성상 문화교류라고 하더라도 정치상황과 밀접하게 연계되어 전개되기 때문이다. 따라서 남북 문화교류의 진전을 위해서는 단순히 양적인 교류의 확대에 기대하기보다는 남북관계를 단계적으로 전환시킬 수 있는 계기를 만들어 가는 것이 중요하다. 지난 5년간 남북은 문화교류에 대한 상당한 진전을 기대하고

---

28 조한범, 『남북 사회문화공동체 형성을 위한 대내적 기반구축방안』 (통일교육원, 2004), p. 12.

인식하고 있다. 그러나 이러한 국민들의 인식과 달리 남북교류는 체계화되거나 구체화되지 못하고 정치적 판단과 경제적 실리에 밀리고 있다. 국민들의 인식과 실제교류 사이에 인식 차이가 나는 것은 방송언론을 통해 북한 문화에 대한 소개가 다양해 졌지만 이를 현장에서 체험할 수 있는 기회가 제한되었기 때문이다.

남북이산가족 화상상봉

여섯째, 문화교류 사업의 전문성이 확보되지 못하였다. 남북 문화교류는 남북 사이의 관계 발전을 위해서 필요할 뿐만 아니라 남북사이의 관계를 발전시키는 추동력으로서 국민적 합의를 이루어 내는 데도 필요하다. 문화교류는 장기적으로는 통일에 대한 공통의 가치관을 형성하는 과정으로 접근하여야 한다. 지난 시기에 이루어졌던 문제점을 긍정적인 방향으로 풀어나가는 국민적 합의를 문화교류의 과정 속에서 풀어나가야 할 문제로 제기되었다.

2000년 이후 남북 문화교류에서 제기된 이러한 문제점은 최근으로 올수록 긍정적인 측면으로 전개되어가고 있다. 문화 교류 과정에서 달라지고 있는 점은 단기 이벤트 중심에서 장기적인 교류사업 중심으로, 지원 사업에서 교류 사업으로, 추진주체의 측면에서는 개인이나 사업자 중심에서 기관이나 지방자치단체 중심으로 옮겨지고 있다.

남북 문화교류 앞으로 어떻게 될까

북관대첩비 반환식

남북관계는 돌발적인 변수가 있겠지만 장기적인 측면에서 긍정적인 방향으로 전개될 것으로 전망된다. 문화 분야의 교류는 결정적인 돌발변수만 없다면 어느 분야보다 활발하게 진행될 것으로 예상된다. 북한 핵문제 등으로 남북관계가 경색되었을 때에도 문화 분야의 교류는 지속되었고, 남북관계 돌파구의 계기가 되었다. 무엇보다 다소 낙관적으로 보는 이유는 남북 문화 교류에서 많은 노하우를 축적하였다는 점이다. 이제는 남북사업의 경험이 축적되었고 불필요한 마찰을 최소화하고, 상호 특성에 대한 이해도가 높아졌다. 북한도 이런 경험을 바탕으로 저작권사무국과 같이 대남사업 조직과 인력을 재정비하고 있는 것도 긍정적인 변화를 전망하는 요인이다.

남북관계 전반을 고려해 보았을 때 지난 5년간의 관계가 지속적으로 발전한다면 2006년 이후 향후 5년 동안의 남북관계는 상호체제 인정의 수준까지 발전할 수 있을 것으로 전망된다. 체제인정단계란 정치적으로 실질적으로뿐만 아니라 공식적으르 국가체제를 인정하고 문화적인 전면적 관계망을 형성한다는 것을 의미한다. 구체적으로는 남북한의 방송통합, 취재보도의 자유, 학술분야의 전면적인 교류, 과학기술협정의 체결, 과학기술분야의 협력 등이 이루어지는 정도를 의미한다.[29] 실질적으로 남북사이의 교류 장벽이 제거되고 자유로운 교류가 진행되는 단계를 의미한다. 이러한 전망은 미래에 대한 예측인 동시에 남북관계 발전을 위해 풀어나가야 할 과제이기도 한다. 보다 장기적으로는 2010년 이후의 문화통합에 대비한 목표이기도 하다.

　이러한 목표를 이루기 위해서는 문화교류에서 현실적으로 수용할 수 있는 가능성이 높은 분야로부터 시작하여 민족적 동질성과 민족문화의 정체성을 형성하는 방향으로 동시 병행하여 나가야 한다. 북한은 남북교류에 따른 남한 문화의 영향력 확대를 배제하면서 이익을 얻을 수 있는 제한적 접근 원칙을 위지할 것이며, 남한은 실리보다는 민족의 동질성 회복이라는 추상적이며, 정치적 안정성, 기능주의적 차원에서 접근해 나갈 것이다. 남북이 문화교류에 대한 입장 차이를 고려하여 순수 문화적 측면의 교류와 함께 문화산업 분야의 교류를 지원하여 문화교류의 동기를 제공해 주는 것이 필요하다.

　이와 함께 정치적 영향력을 최소화하면서 문화 교류의 독자적 영역을 마련해 나가야 한다. 문화교류의 안정적인 교류 시스템을 구축해 나가기 위해서는 한반도의 정치적 상황이 뒷받침되어야 하겠지만 동시에 문화교류의 내적 동기가 남북 사이에서 만들어져야 한다. 남북관계

---

29 정성장 편, 『한국의 국가전략 2020 : 대북·통일』 (세종연구소, 2005) 참조.

진전에 따른 남남갈등이 확대되고 지속되는 한 대북정책의 추진력은 약화될 수밖에 없으며, 남북관계 개선에 수반되는 문화적 충격을 효과적으로 해소하는 것도 어려워진다. 남북한의 문화적 차이를 널리 알리고 특성을 이해하는 문화차원의 통일교육의 전면적 확대도 꾸준히 추진해 나가야 할 사항이다.

향후 진행된 남북 문화교류는 다음과 같은 원칙에서 추진되어야 할 것이다.

첫째, 문화예술 교류의 원래 취지와 목적을 살릴 수 있어야 한다. 교류의 기간이나 횟수를 규정하기보다는 문화예술이 주민들에게 영향을 미칠 수 있도록 대상이나 내용의 문제가 선행되어야 한다. 제한된 범위 안에서 소수의 전문가나 특수한 계층만이 접할 수 있다면 문화교류의 실질적 효과를 거두기 어렵다. 의식변화를 통한 동질성에 이룰 수 있도록 해야 한다.

둘째, 당면한 문화적 상황과, 민족적 특수성과 함께 문화적 보편성이 적용될 수 있어야 한다. 북한의 정치적 변화를 통해 세계 평화에 기여할 수 있도록 하듯이 문화적 동질성을 통한 인류 보편적 문화발전에 남북한이 참여할 수 있어야 한다.

남북여성대회

셋째, 북한의 급격한 변화로 인한 문화적 갈등이나 혼돈, 부작용, 문화적 저항감을 해소할 수 있어야 한다. 상황의 급변이나 급속한 문화적 유입으로 인한 거부감은 통일에 대한 거부감으로 이어지지 않도록 일정기간 동안 정부의 적극적인 조정이 필요하다.

넷째, 정부 당국의 역할은 교류의 촉진과 활성에 목적을 두고 참여하되, 그 역할을 줄여 나가야 한다. 문화교류가 활성화되고 정착되면서 행정이나 지원 등 공적 기능으로 정부 역할이 축소되어야 하고, 민간단체를 중심으로 교류의 주체가 변화되어야 한다.

다섯째, 남북교류 추진과정에서 남한 문화예술의 균형적 배려가 필요하다. 정책의 투명성과 함께 남북한의 문화교류가 남한의 문화예술 발전에 기여할 수 있으며, 남한 예술인들에게 새로운 기회제공과 동기부여가 될 수 있도록 배려하여야 한다.

또한 남북 문화교류에서 실질적이고 근본적인 진전을 위해서는 구체적이고 실질적으로 이끌어 나가야 한다. 앞으로 진행될 남북교류에서 제기될 과제의 핵심은 예산과 관련된다. 이 부분은 통일부가 당면한 고민과 관련된다. 남북관계의 대폭적인 진전에 따라서 달라진 남북관계에 걸맞는 통일부의 새로운 역할이 필요로 한다. 의욕적으로 남북관계를 풀어간다고 하여도 소규모의 행사 중심의 교류에서 대규모 인프라 구축과 같은 대폭적인 지원으로 이어질 경우 정부의 막대한 예산이 필요하다. 통일부가 의욕적으로 제기한 북한 인프라 구축, 개성공단 사업의 조속실행, 전력지원 등의 문제는 모두 관련 부처와 협력 없이는 불가능한 사업들이며, 대규모 협력사업에 동반되어야 할 전략물자금지의 완화, DMZ 통과 완화, 장기체류 등의 문제도 풀어야 할 과제들이다. 이는 어느 정부의 독자적인 힘으로 해결할 수 없다. 통일부의 기능 확대는 통일과 관련한 국민적 합의 속에 관련 부처와의 협력관계 속에서 이루어져야만 가능한 일이다. 따라서 남북문화교류에서 중앙부처의 적극적인 참여와 역할이 필요하다. 문화교류를 뒷받침할 전담 기구의 설립이 절실하다.

남북 문화교류 어떻게 풀어야 하나

문화교류와 협력을 위한 원칙을 세우고

문화교류가 남북한의 상호 발전적 측면에서 추진되어야 한다. 체제 위협에 대한 북한의 부담을 완화시키면서 문화교류의 활성화를 통해 민족의 동질성 회복하는 점진적이고 단계적인 접근이 필요하다. 국가는 순수 목적의 교류를 진흥할 수 있는 지원제도와 기관을 구성하여 민간교류의 순수성을 지켜나가면서 문화 분야의 남북교류 활성화 할 수 있는 법적·제도적 토대나 인프라 구축, 남북한의 기술, 자격증의 통일안이나 학술분야의 표준화 사업을 추진해 나가야 한다.

기본적으로 남북한 사이의 '문화(학술, 과학)교류 협정'을 비롯하여 남북 문화 교류를 촉진하고 통합에 이르기 위한 관련 법령을 정비하여야 한다. 이와 관련된 법령으로는 '문화예술진흥 관련 법령', '전통문화 보존 관련 법령', '문화산업관련 법령', '문화인프라 관련 법령', '방송언론 등 매체 관련 법령', '기타 문화시설 관련 법령' 등이 있다.

민간교류의 촉진과 함께 당국 차원에서 민족문화유산 발굴과 보호를 위한 정책이 추진되어야 한다. 특히 문화공동체 형성의 궁극적 목적으로서 한국어, 한국사 등 국학 분야의 표준을 제정함으로써 통일한국 시대를 대비한 정책을 추진하며, 남북 공통의 민족문화 상징 개발, 전통문화재 발굴과 보존 정책을 추진해 나가야 한다. 민족문화 유산에 대한 공동 발굴과 조사, 연구 사업, 국학관련 협력연구 사업, 전통문화의 발굴과 복원사업, 민속문화의 조사 사업, 공동의 역사연구, 언어의 단일화 표준화를 위한 사업을 추진하여 통

남북 소통의 출발은 만남부터 시작되어야 한다

일에 대비하여야 한다. 문화재를 비롯하여 역사, 언어 분야의 관련 사업은 개인이나 학술단체가 추진하기도 어려울 뿐만 아니라 공신력에도 문제가 생긴다. 따라서 관련 부처가 협력한 '남북역사문화상징' 전담 부서를 신설하여 체계적으로 관리하고 지원하는 것이 바람직하다.

문화교류의 구체적인 정책 목표로는 ●문화 교류를 위한 법적·제도적 토대 구축, ●문화 분야의 기술이나 용어의 표준화, ●문화 교류 촉진을 위한 자원마련, ●북한 내 문화인프라 구축 지원, ●문화재 보호 연구를 위한 공동 조사, ●문화재 보존을 위한 협력사업, ●민족문화유산 DB, ●고문헌·고서, 유적지 자료 보존지원, ●해외문화유산의 반환 지원, ●미번역 문화자료 공동번역, ●언어분야의 표준안과 서체, 자판배열 통일, ●역사교과서 통일을 위한 남북한 역사문제 위원회 구성 추진, ●문화재 관리체계의 공통 모듈개발과 천연기념물 등의 표준화 제정을 위한 공동 기구 설립, ●한복의 국제화, 민족음식의 표준화를 위한 공동 기구

설립, •남북저작권 문제 해결을 위한 공동기구의 설립, •문화와 교육을 결합한 통일교육정책 확대, 등이 추진되어야 한다.

문화교류와 협력을 위한 협력의 기구를 만들고

지난 5년간의 교류는 남북한의 당국간 차원의 공식화 된 창구의 필요성을 제기하였다. 문화교류의 적극적인 추진을 위해서는 무엇보다 문화교류와 관련한 남북의 협의기구가 필요하다. 새로운 차원의 합의 없이는 남북관계가 현 수준에서 되풀이 될 가능성을 배제할 수 없다. '남북경제협력위원회'에서 경제관련 문제를 논의하듯이 문화교류와 관련한 문제를 논의하기 위한 장기적이고 제도화된 창구가 마련되어야 한다. 현재와 같은 상황에서 문화교류가 추진된다면 단기적이고 이벤트적인 교류, 중복교류의 수준을 넘어설 수 없다.

따라서 장기적인 차원에서 통합단계의 문화동질성 회복을 위한 안정적이고 장기적인 교류협력을 위해서는 남북한 간의 교류협정과 같은 합의성의 체결이 필수적이다. 남북기본합의서에 의해 「남북사회문화교류협력공동위원회」가 구성되어 있으나, 지금까지 운영된 적이 없고, 2003년 제11차 장관급 회담을 통해 남북 사회문화교류 협력에 필요한 합의하고도 구체적인 실천으로 이어지지 못하고 있다.[30] 이를 조속히 실현시켜 문화교류의 큰 틀은 마련하여야 한다. 당국 차원에서 큰 획을 그어주고 진흥을 위한 토대를 만들어 주어야 하는 이유이다.

문화교류를 뒷받침할 법령을 정비하고

문화교류를 촉진하기 위해서는 관련 법령을 정비하여 문화교류를 지원해 나가야 한다. 이

---

[30] 〈남북장관급회담〉 신언상 대변인 일문일답-1" 「연합뉴스」 2003.07.12 : "이번 회담에서 남북은 사회문화교류협력사업을 당국 차원에서 지원할 필요성을 공감하고 사회, 문화, 체육 등 분야에서의 교류협력사업을 협의하며, 상대방에 대한 비방방송 중지 등 쌍방이 제기한 문제를 검토하기로 합의했다. 이는 남북관계 진전을 위한 남북 대화의 틀이 체계화되고 있음을 말한다."

문제는 장기적으로 화해협력을 제도화 하고 공고히 한다는 의미를 갖는다. 문화교류에서 추진되거나 마련되어야 할 법령은 1) 문화예술교류 주체에 대한 촉진을 내용으로 하는 남북문화교류 진흥관련 법령, 2) 남북 전통문화 보존 지원 법령, 3) 문화산업지원 관련 법령, 4) 문화인프라 관련 법령, 5) 방송언론 등 매체 관련 법령, 6) 기타 문화관련 기관설립 법령 등으로 구분된다. 기존의 법령에다 통합단계의 상황에 맞는 내용을 추가하여 문화통합에 대비하여야 한다.

'문화예술 진흥관련 법령'에서 수록될 내용은 '남북 문화교류의 촉진과 지원', '북한 주민의 문화향수 기회 증대를 위한 지원', '남북 문화의 해외 소개를 의한 세부적 지침' 등이 추가되어야 한다. 남북한의 해외공관이나 해외문화 거점을 활용하여 남북한 문화를 함께 소개할 수 있도록 개정하고, 북한의 우수 저작물에 대한 번역, 출판, 소개를 위한 공동기구의 설립도 제도적으로 뒷받침되어야 한다.

'전통문화 보존 지원 법령'에서는 전통사찰, 유적지, 문화유산에 대한 개념과 지원 범위를 확대하고 북한 지역의 문화유산을 보호하고 지원할 수 있도록 해야 한다. 북한의 문화재에 대한 보존, 관리 방침과 정책은 해방직후부터 북한은 사회주의 이데올로기에 입각한 '민족문화건설'을 목표로 진행되어 왔다.

'문화산업관련 법령'에서는 북한의 저작권 보호 관련 내용을 확대하여야 한다. 실질적 통합 단계에서는 북한의 학술저서나 문화예술 작품의 이용에 관한 저작권 제도가 현재보다는 개선될 것이지만 관행적으로 이어져 온 북한 연구물의 무단 복제나 상호도용, 이용에서 저작권 문제가 제기될 수 있다. 저작권 문제의 경우 최근 남북 사이의 이슈가 되고 있는 분야로 상호 저작물에 대한 신뢰를 확인하고 정상적인 교류를 촉진한다는 점에서 해결해 나가야 한다. 북한의 경우 개인의 창작보다는 집체창작이 중심이어서 저작권 협의 대상이나 저작물의 범주가 분명하지 않다. 따라서 저작권에서는 교류의 대상의 저작물이나 이용 상 문제로 제기될 수 있는 부분을 찾아 예방할 수 있는 법령이 정비되어야 한다.

'문화인프라 관련 법령'에서는 도서관, 박물관, 미술관 등의 인프라 육성에서는 남북한의 자료 이용과 공개, 소장자료의 확대 등을 도모함으로써 문화·예술·학문의 발전과 함께 문화공중의 문화향수 증진과 남북한 상호 문화적 체험의 폭을 넓힐 수 있도록 해야 한다.

'방송매체 관련 법령'에서는 방송·언론의 자유와 독립을 보장하고 방송으로서 공적 책임과 임무를 다할 수 있으며, 방송을 통한 남북한 주민의 권익보호와 여론 형성과 통일한국 시대의 문화 향상을 도모할 수 있도록 하여야 한다. 특히 실질적 통합기간 동안 방송과 언론의 공적인 기능이 특히 중요하므로 공적 기능을 담당할 수 있는 매체와 채널을 확보해 나가야 한다. 콘텐츠의 제한이라는 현실적인 문제가 있지만 기존의 북한 관련 방송을 통합하고 조정해 간다면 일정 부분 해결할 수 있을 것이다.

지속적인 남북문화교류를 위해서는 문화예술을 연구하고 구체적으로 집행할 수 있도록 공적 기능의 연구기관이나 문화예술 진흥 기관을 설립하거나 운영에 필요한 제도를 정비하여야 한다.

교류단체에 대한 통합적인 관리와 지원체계를 만들고

지난 5년간 남북 문화교류는 정부나 공적 기관을 중심으로 진행되었다. 정부의 영향력이 크다는 점은 남북교류 초기 단계 교류 주체의 부족한 경험이나 행정적인 지원을 원활하게 이끌어 낸다는 점에서 긍정적이고 당연한 현상이라고 할 수 있다. 그러나 정부의 영향력이 커질 경우 문화 분야의 다양한 교류를 감당할 수 없으며, 자생적 교류역량을 키울 수 없다는 문제가 있다.

 앞으로의 남북 문화교류는 정부와 민간단체의 역할을 구분하여 추진하는 것이 바람직 하다. 남북한의 문화 교류에서 NGO의 역할은 매우 크다. NGO를 통한 남북교류는 남북 당국간 교류가 소강상태에 머문 경우에도 지속적으로 이루어져 왔다. 이는 NGO의 활동이 비정치적, 비경제적인 분야로 남북관계 개선에 미치는 영향이 적지 않음을 의미한다. 정부의 입장에서 볼 때 다양한 남북교류의 과도한 부담으로부터 역할 분담이 가능하다는 장점이 있기도 하다. 이점을 고려할 때 남북교류에서는 NGO의 자율적 역량을 최대한 활용하면서 다양성을 확보할 수 있는 공생적 협력관계의 정립을 필요로 한다.

 NGO의 역할은 남북교류 뿐만 아니라 통일과정에서 발생하는 지역간, 계층간, 성별간의 갈등을 극복하는데 기여할 수 있도록 해야 한다. 통일과정은 분단의 극복이라는 문제로부터 출발한다. 그러나 우리의 분단은 근대적 통일국가를 형성했던 여타 국가의 통일과정과는 근본적인 차이가 있다. 즉 남북한의 분단은 비정상적 근대화과정을 거치면서 진행된 문제로 엄밀한 의미에서 통일 이전의 모델이 없는 상황이라고 할 수 있다. 따라서 그 만큼 통일이념과 통일과정은 단일성보다는 복합적일 수밖에 없다. 통일과정의 복합체계(Complex System)는 다양한 의견의 제기와 소통을 필요로 하는데, 남북 교류 과정에서 제기된 시각차이를 극복할 수 있는 매개체로서 민간단체의 역할을 적극적으로 모색해 나갈 필요가 있다.

문화 분야의 교류에서 NGO는 역할분담과 효율성 제고라는 측면에서 정부의 협력관계를 유지하는 것이 중요하다. 정부와 민간은 역할을 분담하고 상호 보완관계를 설정하여야 한다. 기본적으로 문화 교류의 다양성 차원에서 민간교류가 담당하면서 교류 주체로서 역할을 강화해야 하겠지만 정부차원의 적극적 지원이 필요한 분야에서는 정부가 직접 관여하는 것이 필요하다. 남북한의 협상에서도 민간단체를 옵저버 자격으로 참여하는 것을 고려할 수 있다.

또한 현실적으로 재정적 취약성을 가진 NGO가 지속적으로 남북교류를 추진할 수 있도록 구심점이 될 수 있는 단체에 대한 재정적 지원과 아울러 다양한 제도적 지원책이 따라야 할 것이다.

지방자치 단체의 참여 유도하여 다양화하고

문화 분야의 지방자치 단체 참여를 유도하는 것이 필요하다. 지방자치단체의 교류는 중앙 부처 중심의 교류, 제한적 인원이 참여하는 교류에서 보다 폭넓게 교류를 추진할 수 있는 다양한 기회를 마련할 수 있다는 점에서 남남갈등 극복에서 효율성은 높일 수 있다.

남북의 문화교류에서는 교류 분야의 다양성과 추진 주체의 전문성과 추진력을 고려하여 지방자치단체 간의 교류를 적극 지원해야 한다. 지방자치 단체의 교류는 당국간 차원에서 추진하는 사업보다는 다양한 사업이 가능하며 민간단체 교류의 불안정성을 극복할 수 있는 장점이 있다.[31] 독일의 경우에도 통독과정에서 도시간 자매결연사업이 활발하였던 것이 좋은 예가 된다. 독일의 경우에도 1985년 11월 최초 동서독 도시간 자매결연 이후 1989년까지 62개 도시 간 자매결연을 체결하였다. 각 지방자치단체의 특색과 문화교류의 다양성을 결합하

---

[31] 양현모, "지방자치단체 남북교류협력사업의 효과적 추진방안" 『통일연구』 6권 2호(2002, 연세대학교 통일연구원) 참고.

여 단기적 교류에서 장기적 협력사업을 개발해 나가야 한다. 다만 이것이 선심성이나 정치적 목적에 치우치지 않게 장기화하는 것이 중요하다.

남북합작 애니메이션 〈뽀롱뽀롱 뽀로로〉

지방자치단체의 특성을 고려한 교류로는 광주전남지역의 김치교류 사업이나 전주국제영화제, 부산 국제영화제에서 북한 영화의 소개 등이 있었고, 인천시, 경기도, 서울시, 강원도 등에서 남북교류를 추진하고 있다. 지방자치단체의 경우에는 행정력과 추진력에서 장점이 있는 만큼 민간단체와 지방자치단체가 연계 형태로 남북교류의 안정적 토대와 다양성을 확보해야 한다. 민간단체로부터 국가단체로 이양되는 과정 속에서 정부가 직접 나섰던 교류 초기의 기반을 바탕으로 민간단치의 다양성과 정부당국의 추진력이 결합된 중기적인 교류로 이어질 것이다. 남북교류를 지방자치단체의 특색을 살리면서 정례화 할 수 있도록 지원해주어 경제적 시너지 효과를 극대화 하도록 한다.

남북교류에서 보여준 최근의 이러한 양상을 촉진하고 활성화 한다면 남북교류의 제도화 과정은 구체적이고 가시적인 성과를 이루어 낼 수 있을 것이다.

남북 문화교류에 대한 국민적 공감대 확산하여 통일에 대한 신뢰를 구축하고

남북 문화교류는 남북교류의 과정이면서 통일을 위한 과정이다. 남북관계 발전을 위한 문화교류의 과제로서 남북 문화교류를 진흥시키기 위해서는 교류 폭을 넓히고 깊이 있게 끌고 나가야 한다. 폭을 넓힌다는 것은 다양한 참여를 유도한다는 의미도 있겠지만 남북 문화교류의 본질적인 영역인 국학분야(언어, 역사, 문화재, 전통문화, 민속, 전통예술)의 교류로 확대해야 한다는 것을 의미한다. 교류의 깊이를 심도 있게 한다는 것은 기존의 성공사례를 발판으로 선험적 사례들을 만들어 가야한다는 것을 의미한다. 문화 교류의 거점을 형성하고 안정적 시스템을 구축해야 한다.

또한 남북 문화교류의 소외계층을 해소해 나가야 한다. 남북관계 발전은 생활 속에서 남북관계를 접하게 된다는 것을 의미한다. 남북교류에 동반될 국민적 합의를 이끌어 내기 위해서는 올바른 통일관과 정보를 심어주어야 한다. 이 점에서 방송언론 매체의 역할이 매우 중요하다. 우리나라 방송 채널의 수가 수십 개에 달하며, 디지털 방송시대를 맞아 더 많은 채널이 늘어날 것인데, 통일을 전문으로 하는 방송이 없다는 것은 문제가 있다. 이제는 이 문제를 고민해야 할 단계가 되었다.

문화교류를 위한 인적 인프라 구축하여 전문성을 심화하고

문화교류와 관련한 전문 인력의 양성이 필요하다. 문화교류의 현안문제를 해결할 수 있도록 역량을 집결하고 방향을 제시해야 한다. 북한 문화에 대한 이해의 폭을 넓힐 수 있는 기반을 강화해야 한다. 국내 유수의 통일관련 기관에도 문화나 민족문화와 관련한 연구인력이 절대 부족하다. 이런 상태에서는 북한 문화에 대한 왜곡현상이 심화될 수 있다. 전문인력에 대한 연구와 전문인력 양성에 대한 대안이 마련되어야 한다.

남북교류는 문화소통을 위한 모색이어야 한다

대구유니버시아드대회

동아시아체육대회 북한 참관단

다시 남북 문화교류를 돌아보다

남북문화교류는 남북교류의 초기에 겪는 예기치 못한 시행착오의 과정을 통해 남북의 상이성을 확인하면서 그 과정 속에서 협상하는 방법을 배워가면서 법적·제도적인 기틀을 마련하고 있다. 남북관계가 제도화되기 이전 특수한 몇몇 개인에 의해 좌우되었기에 이러한 우려가 야기되었던 것이다. 이제는 남북관계가 개인의 역량이나 특정 정권의 차원에서 논의되었던 관계에서 나아가 남북회담의 틀이 마련되었고, 당국간 차원의 문제로 전환되었다. 이는 남북교류가 시작된 이후 남북교류가 몇몇 전문가들에 의해 좌우되었던 것과는 달라진 상황으로 긍정적으로 평가되어야 할 부분이다.

남북한의 문화교류는 상호간의 문화적 이해를 증진시킴으로써 분단이후 지속된 전투적 문화, 냉전적 문화의식을 극복하고 상호 공존·공생의 문화창출에 기여하며, 이를 바탕으로 민족문화의 정체성을 재정립해 나가는 필연적 과정이다. 정치적 차원에서 비록 규범적, 제도적으로 효율적인 통일정책이 추진된다고 해도 동서독의 통일사례에서 보여주듯이 통일과정에서 발생하는 문화적 갈등과 이질감이 정치 세력화되거나 갈등으로 남는다면, 통일이라는 의

미는 반감될 것이다.

　통일이란 분단으로 인하여 야기되는 상호 적대적이며 대결적인 분단체제를 해체하고, 완전한 통합체를 이루는 과정이지 그 자체로서 결과물은 아니라는 점에서 제도적, 규범적 통합이 곧바로 내적 통합까지 포괄하는 '진정한' 통일을 보장할 수 없다는 주장은 타당성을 갖는다. 문화예술이 시대와 단계를 초월하여 통일을 이루는 내적 디딤돌로서 의미도 여기에 있으며, 남북 문화교류가 확대되어야 한다는 폭넓은 공감대를 형성하는 것도 이런 이유이다.

　문화교류는 비정치적 분야로서 문화, 체육, 교육, 관광, 종교 등 다각적이고 다변적이며, 교류의 방법과 범위, 대상에서 다양성을 특징으로 한다. 비정치 분야를 중심으로 한 교류와 협력은 정치관계가 소원한 상태에서도 실무 차원의 협상으로 상호 유연성을 발휘할 수 있는 여지가 많기 때문에 정부 차원의 공식적인 관계가 소강상태에 있거나 정치적 갈등이 불거져 나온 상황에서도 남북 관계 개선의 연결고리로서 역할을 충실히 해 왔다. 정치적으로 상황변화가 심했던 2002년의 경우에도 부산아시안게임 북한 참가를 비롯하여 '8.15민족공동행사', '통일축구대회', 예술단공연, 태권도시범단 공연 등의 교류를 통하여 남북관계 개선에 적지 않게 기여하였다.

　남북 문화교류가 남북관계 개선에 긍정적인 역할을 수행했음에도 불구하고 역설적으로 바로 이러한 이유로 인해 적지 않은 문화교류가 정치협상의 부수적 행사, 상징적인 행사로 진행될 수밖에 없었다는 점은 남북 문화교류의 현실과 과제를 제기한다. 남북한의 정치적 특수성에 비추어 볼 때 문화교류 역시 정치적 상황에 연동되어 있으며, 정치 상황에 영향을 받는 것이 현실이라고 할 지라도 문화교류의 원래 목적에서 벗어나서는 안 될 것이다.

거시적 차원에서 남북 문화교류는 남북한의 내면적 통일과정이다. 세계 유일의 분단국으로서 남북한의 통일은 이념적 냉전의 종말이라는 세계사적 의미를 담고 있다. 이러한 역사적 의미 속에서 문화교류는 자본주의와 사회주의라는 체제의 이질성으로 인해 야기된 갈등을 해소하고, 통합과정의 심리적 공백과 갈등, 문화적 공백을 메울 수 있어야 하며, 통합이후 대두될 민족문화의 개념과 방향에 대한 정체성을 확립하고, 문화적 충격을 흡수할 수 있어야 한다.

전국노래자랑 평양편

문화교류가 이념과 분단으로 인해 야기된 이질감을 극복하고 통합과정에 수반될 다양한 문제를 해소할 수 있는 것은 정치, 경제 분야와 달리 하나의 집중된 제도나 체제를 선택할 수 있는 분야가 아닌 다양성을 내포하고 있기 때문이다. 문화는 분야별, 계층별, 직업별, 지역별로 다양한 형태로 존재하며, 또한 다양성이 보장되어야 한다. 문화의 다양성은 남북교류의 일관성을 해치거나 혼란을 초래하는 요소가 아니라 다양한 문제를 해결하는 원천이다. 남북 문화교류가 전문화되고 다양한 민간단체를 중심으로 진행되어야 하는 이유도 여기에 있다.

남북 문화교류의 민간 중심으로의 전환이 정부 역할의 축소를 의미하는 것은 아니다. 문화적 동질성 회복은 정치적 결단이나 획기적인 상황 변화에 의해 단기간 내에 해결될 수 없으며, 유연하고 다변적인 접근을 통한 꾸준하고 지속적인 교류를 통해 해결해야 하는 어려운 문제이다. 정부는 이를 위하여 민간교류를 활성화하고 지속적으로 추진할 수 있는 법적, 제도적 기반을 마련하고 민간단체의 특성에 맞추어 문화교류를 효율성 있게 추진할 수 있도록 지원해 주어야 한다. 정부와 민간은 교류성과를 다투는 경쟁자 관계가 아니라 통일이라는 과제를 함께 풀어가야 할 동반자적 협력관계를 공고히 하면서 정책적 측면과 자율적 측면을 조화시켜 나가야 할 것이다.

저자소개

전영선

1965년 강원도 강릉 출신으로 강릉고등학교를 졸업하고, 한양대학교에서 국문학을 공부하였다. 국문학보다는 한국문학이라는 말을 좋아하고, 그 한국문학의 과거와 현재, 미래가 어떻게 그려져야 할 것인가를 고민하고 있다. 박사 학위 논문도 우리 민족의 대표적인 고전 '춘향전'을 중심으로 고전소설의 고전성과 현재성을 분석한 우리 문화의 과거와 현재의 지형을 그리는 것이었다. 북한 문화에 대한 연구 또한 통일시대 북한의 문화가 어떻게 평가하고 자리매김해야 할 것인가에 대한 문제의식의 발로이다.

민족문화의 기록자로서 '북한 문화사 대계' 집필을 준비하면서, 북한문화, 통일문화에 대한 최소한의 이해 필요성을 절감하고 있다. 이번 출판은 대중적 글쓰기의 첫 디딤돌이다.

『북한의 문학예술 운영체계와 문예이론』, 『고전소설의 역사적 전개와 남북한의 춘향전』, 『북한을 움직이는 문학예술인들』, 『북한의 문학과 예술』, 『북한 민족문화정책의 이론과 현장』, 『북한 영화 속의 삶이야기』, 『다시 고쳐 쓴 북한의 사회와 문화』 등의 저서가 있다.

북한의 대중문화 - 이해와 만남, 소통을 위한 모색

초판1쇄 인쇄 2007년 8월 20일
초판1쇄 발행 2007년 8월 30일
지은이 전영선
펴낸이 최종숙
펴낸 곳 도서출판 글누림
책임편집 김주헌
편집 이태곤 | 권분옥 | 이소희 | 양지숙 | 김지향 | 허윤희
디자인 홍동선
마케팅 안현진 | 정태윤

등록 제303-2005-000038호(등록일 2005년 10월 5일)
주소 서울 서초구 반포4동 577-25 문창빌딩 2층
전화 02-3409-2055 | 팩스 02-3409-2059 | 이메일 nurim3888@hanmail.net
ISBN 978-89-91990-64-7 93810

정가 12,000원

* 잘못된 책은 교환해 드립니다.